JN127792

可動域を広げよ

齋藤 孝

日経プレミアシリーズ

序章

「人生一〇〇年」をどう過ごすか

定年後の男性の多くが、一日中テレビを見て過ごしている

いつのころからか、「人生一〇〇年時代」という言葉が当たり前のように飛び交うようになりました。医療の発達などで平均寿命が伸びたこと自体は、大いに喜ぶべきことでしょう。

しかし、喜んでばかりもいられません。社会全体で見れば、「人生一〇〇年」の裏返しとして「少子高齢化」の問題が深刻です。増え続ける高齢者の生活を減少しつつある若年層が支えるという構図は、国家の存亡に関わる喫緊の課題だと思います。

そして個人レベルで見ても、長く生きることが幸福とは言い切れないかもしれません。例えば二年ほど前、経済産業省の若手官僚の有志がまとめた文書「不安な個人、立ちすくむ国家」が話題になりました。日本の現状と中長期的な課題をまとめたものですが、その是非はともかく、そこに掲載されている統計データの一つに驚かされました。

タイトルは「定年退職を境に、日がなテレビを見て過ごしている」。二〇一一年の総務省「社会生活基本調査」の結果をグラフ化しているのですが、六〇歳代前半の男性無業者の多くは、平日の日中から夜にかけて、ほとんどテレビ等を見て過ごしているというのです。

これには理由もあります。同文書によれば、六五歳以上でも働きたいと考えている人は六

割を超えています。ところが、六〇歳以上で常勤の仕事に就いている人は約一割。七割以上は非常勤等の仕事もしていないそうです。つまり、働きたくてもいい働き口がないから、テレビで時間を潰すしかない、となるわけです。明日は我が身、と思っている現役世代の方も多いことでしょう。

まして昨今は、「AI（人工知能）が人間の仕事を奪う」という議論が盛んです。またそれに連動するように、「ベーシック・インカム（政府が国民全員に対し、最低限必要な現金を無条件に支給する制度）」の是非も取り沙汰されています。

いずれも実現するかどうかは不明ですが、もしかすると、生活はできるが何もやることがないという人が、もっと増えるかもしれません。その状態で命を永らえたとしても、そんな日々は寂しいのではないでしょうか。

仕事以外にやることがありますか？

しかし、別の見方もできます。仕事から解放されて自由に使える時間が増えたのなら、自分のために有効利用してもいいはずです。ところが、気がつけば仕事以外にやることがない。そういう人が多いのかもしれません。

これについては、私も思い当たるフシがあります。本文でも少し触れていますが、私はコミュニケーションのツールとして「偏愛マップ」というものを推奨しています。A4の紙一枚にとにかく自分の好きなもの・好きなことを書き連ねるだけなのですが、それを初対面の場面で交換すれば、話題を見つけやすいので会話が弾みやすくなります。

以前、ある大企業のセミナーでこれを実践していただいたところ、A4一枚に空白が目立つ方が続出しました。特に部長クラスの方々は、例えば「ゴルフ」「カラオケ」「居酒屋」まで書いてペンが止まってしまうのです。「では居酒屋の何が好きですか？　もう少し書き加えてください」とお願いしたら、「焼き鳥（ハツ）」とのこと。

おそらく日々が多忙なため、とても他のことにうつつを抜かしている暇などないということなのでしょう。もちろん仕事に全身全霊を傾けることは尊いですが、その状態がいつまでも続くわけではありません。最終的には定年があるし、その前に異動や転職で環境がガラリと変わることもあり得ます。

そこから先、長い人生とどう折り合いをつけるか、考えてみたことはあるでしょうか。よく、「早いうちから趣味を持とう」「今の人間関係を大切にしよう」といったアドバイスを聞くことがあります。もちろんそれらも大事ですが、私はもっと根本的な部分から日常を見直したほうがいいと考えています。それは「可動域を広げる」ということです。

人間の身体は、放っておくと硬くなる

私は大学院生時代の一時期、人間の「硬さ」について研究をしていました。人の体は、放っておけばだんだん硬くなります。もっとも柔らかいのは赤ちゃんのとき。つまり可動域がもっとも広いわけです。それから年齢とともに硬くなり、老年期に入るといよいよ動かなくなり、死を迎えて硬直します。

また「硬さ」は、俊敏性や反射力にも影響します。例えば急にボールが飛んできたとき、若いうちならサッと避けられるかもしれませんが、高齢になると硬くなってとっさの身動きがとれなかったりします。

これは身体の話ですが、実は意識とも連動しています。身体の柔らかい赤ちゃんは、世の中のすべてに対して関心を持ちます。あるいは小学校三〜四年生のころを思い出してみてください。やはり身体はきわめて柔軟で、何に対しても好奇心旺盛だったのではないでしょうか。

例えば、学校での出来事や世の中のブームに対しても敏感だったし、何でもすぐに欲しく

なる時期でもありました。私の世代であれば、誰もが竹馬に熱中したり、野球の変化球の投げ方を覚えようと必死になったりしたものです。つまり、意識の可動域は自然に広がっていったわけです。

ところが、年齢を重ねて関節や筋肉が固まってくるとともに、行動パターンも人間関係も定まってきます。つまり仕事ばかりの毎日でも、それを当たり前として受け入れてしまうわけです。

では、そのまま座して死を待つしかないのかといえば、そんなことはありません。身体が硬くなるのは、あくまでも「放っておけば」という前提での話です。ならば逆に、放っておかなければいい。可動域が狭くならないように、むしろ広げるように意識を向ければ、相応に柔らかくなるのです。

それを〝体感〟するには、ちょっとストレッチをしてみることです。例えば、床に座って両脚を伸ばしたまま開いてみてください。ふだんストレッチをしていない人は、その〝開かなさ〟に驚くことでしょう。

しかし、これを連日のように繰り返していると、両脚の角度が少しずつ大きくなることを実感できると思います。文字どおり可動域が広がるわけです。

そしてもう一つ、この単純な動作にはちょっとした〝秘密〟があります。できるだけ両脚を広げようとすると、股間がピリピリと痛くなるはずです。ただし耐えられないほどの痛みかといえば、そうでもない。むしろ、ある意味でマゾ的な快感に浸れるのではないでしょうか。つまり「痛気持《いた》ちいい」わけです。

例えばベッドの上で何もせずに横になっているのも、気持ちいいでしょう。しかしそれは怠惰で楽なだけです。それに対して「痛気持ちいい」は、身体の可動域が向上していることを実感できます。平たく言えば「やればできる」とわかるわけです。

そのピリピリとした刺激が、脳の機能も活性化してくれる。つまり身体で成功体験を覚えることで、脳の可動域も拡大できる。私はそういう教育理論を確立しようと考えていました。

身体が萎縮すると思考まで凝り固まる

その当時から四〇年近くを経て、今では運動理論がかなり発達してきました。呼吸と筋肉・関節の柔らかさが思考の柔らかさと連動していることは、アスリートの間では常識になっています。

例えば「メンタル・タフネス」と呼ばれるものもその一つ。ここぞという場面でいかにリラックスして臨めるかが、筋肉の動き方を大きく左右します。

また昔話で恐縮ですが、私は高校生のとき、その現実を目の当たりにしました。当時のテニス界のスーパースターといえばビョルン・ボルグです。そのボルグが東京の大会に出場することになり、私も静岡から観戦に駆けつけました。

ところがその試合、まだトーナメントの一回戦だったと思いますが、ボルグがはるか格下の選手相手に苦戦し、マッチポイントを握られるまで追い込まれました。これで終わりかと思ったのですが、さにあらず。

平然とプレーするボルグに対し、相手の選手は大金星を意識してガチガチに硬くなり、ミスを連発して自ら崩れてしまったのです。結局、終わってみれば順当にボルグが勝利しました。

これは、単に実力差だけの問題ではないでしょう。この選手は、それまで勇猛果敢にチャレンジしていたからこそ、王者を土俵際まで追い込むことができたわけです。ところがあと一歩という段階になって、身体が硬くなってチャレンジすることを止めた。つまり筋肉の硬直とともに、思考も硬直化したわけです。

似たような事例は、スポーツの世界のみならず、私たちの日常でもよくあると思います。

絶対に失敗が許されないプレゼンで緊張し、上ずった自分の声を聞いてますます舞い上がってしまったり、激しいクレームを受けて萎縮し、頭の中が真っ白になって一言の弁解もできなくなったり。

これらは瞬間的なことなので、まだリカバリーも可能かもしれません。もっと問題なのは、慢性的に身体が萎縮することにより、思考まで凝り固まってしまうことです。

「自分はこの程度が限界」「もうこの道を進むしかない」「誰が何と言おうと自分が絶対に正しい」などと考え始めたら要注意。「硬さ」に支配されると、いわゆる「視野狭窄」に陥って好奇心も失い、世界がどんどん小さくなるのです。「仕事以外にやることがない」「何をやっても面白くない」という状態になるのも、当然ではないでしょうか。

イチロー選手は〝心身のストレッチ〟の達人

実際の身体の可動域は、思考の可動域を認識するためのバロメーターのようなものです。身体と同様、思考も放っておけば硬くなります。それを防いで柔軟に保つには、やはり身体と同様、不断の〝脳のストレッチ〟が欠かせません。詳しくは次章以降に譲りますが、常に意識を外に向けて新しいことにチャレンジし、刺激を受け続ければ、脳は若々しさを保てるはずなのです。

私はそう信じて長く研究を続けてきましたが、つい先ごろ、これが確信に変わるような出来事がありました。二〇一九年三月二一日の深夜に開かれた、イチロー選手の引退記者会見です。およそ一時間半にわたる長い会見でしたが、私がとりわけ感銘を受けたのは以下の部分です。

「人よりがんばることなんてとてもできないんですよね。あくまではかりは自分の中にある。それで自分なりにそのはかりを使いながら、自分の限界を見ながらちょっと超えていくということを繰り返していく。そうすると、いつの間にかこんな自分になっているんだという状態になって。

だから少しずつの積み重ねが、それでしか自分を超えていけないと思うんですよね。一気に高みに行こうとすると、今の自分の状態とギャップがありすぎて、それは続けられないと僕は考えているので。地道に進むしかない。進むというか、進むだけではないですね。後退もしながら、あるときは後退しかしない時期もあると思うので。でも、自分がやると決めたことを信じてやっていく」

「限界を見ながらちょっと超えていくことを繰り返す」「少しずつの積み重ねでしか自分を超えられない」とは、まさにストレッチのことでしょう。それも身体的な意味だけではなく、例えばトレーニングメニューやバッティングフォームなどを試行錯誤すること、つまり〝脳のストレッチ〟の意味も含まれていることは明らかです。

言うまでもなく、イチロー選手はメジャーリーグという世界最高峰の舞台で、数々の偉業を達成してきました。私が思うに、中でも最大の偉業は、常に全力プレーでありながら大きなケガをせず、四五歳まで現役を続けたことです。それが身体と脳の不断のストレッチに起因しているとすれば、これほど説得力に満ちた話はありません。イチロー選手はストレッチの達人だったのです。

私たちがイチロー選手のストイックさを真似ることは、難しいかもしれません。しかし、多少なりとも見習うことはできる。まず肝に銘じるべきは、近道はないということです。毎日繰り返しながら少しずつ進歩することでしか、「いつの間にかこんな自分に〜」とはなれないのです。

状況を悲観するより、「伸びしろ」を見つけよう

そしてもう一つ、脳を柔軟にして可動域を広げるために欠かせないのが、意識的にポジティブ思考を心がけるということです。

低迷する業界のある大手企業のトップは、二〇一九年の年頭の挨拶で、社員に向けて「だからこそ伸びしろがある」と呼びかけたそうです。業界全体は成長の限界もしくは衰退に向かっているかもしれないが、当社にはまだ工夫の余地がある。それを見つけて果敢にチャレンジすれば、まだまだ成長できる、というわけです。

この発想は、私たち個人にも当てはめることができます。仮に毎日がつまらないとか、将来に対して不安しかないと思っているとすれば、それは楽しい分野を積極的に開拓していないからかもしれません。少なくともそう考えたほうが、ずっとポジティブになれるはずです。

実際、考えてみれば私たちの人生は未開拓だらけでしょう。それだけ広大な伸びしろを持っているわけです。苦手と思っていることも、やってみたら案外器用にこなせるかもしれません。誰かと偶然出会うことで、まったく知らなかった世界を知ることもあるでしょう。勇気を持って一歩踏み出してみようというのが、本書の最大の問いかけなのです。

孔子が『論語』で「今汝は画《かぎ》れり（お前は自分で自分を見限っている）」と看破したように、私たちは自分の限界を本来の実力よりずっと低く見積もる傾向があります。陸上競技や競泳などである選手が世界記録を更新すると、他の選手もそれに追随する記録をあっさり出せるようになるのは、その典型でしょう。「できる」という姿を目の当たりにするだけで、「できない」と思い込んでいた精神の障壁のようなものが取り払われるわけです。

では私たちの場合、どうやってその精神の障壁を取り払うか。それを本文で詳しく考えてみたいと思いますが、大前提として覚えておいていただきたいことがあります。

数学者の藤原正彦先生によると、数学者は難問に取り組むとき、「It's so easy.（こんなの簡単さ）」と自分に言い聞かせるそうです。もちろん簡単に解けるわけではないのですが、そういう気概が大事ということでしょう。

私たちも難しく考えたり、恐れたりすることはありません。リラックスしながら、前向きに「痛気持ちいい」を楽しむぐらいの感覚で、ちょうどいいと思います。

目次

序章　「人生一〇〇年」をどう過ごすか……3
定年後の男性の多くが、一日中テレビを見て過ごしている
仕事以外にやることがありますか？
人間の身体は、放っておくと硬くなる
身体が萎縮すると思考まで凝り固まる
イチロー選手は〝心身のストレッチ〟の達人
状況を悲観するより、「伸びしろ」を見つけよう
第1章　可動域を身体で実感しよう……23
「痛気持ちいい」を味わう

柔軟性は長寿の秘訣
肩甲骨を柔軟にすれば、表情まで柔軟になる
「横隔膜を下げる」ことができますか？
理想とすべきは、筋骨隆々よりイチローの身体
一流アスリートが信奉する「初動負荷理論」とは
全身の力を抜けば、視野が広がる
身体を使って脳をリセット
「文武両道」のすすめ

第2章　あなたの視野は、まだまだ狭い……45

自分の好きなものを二〇個挙げられますか
「好きなもの」は突然目の前に現れる
ネットは関心の領域を広げる最高のツール
アイドルグループも試してみる
どんなジャンルにも一流がある

一日一本の映画を見る
美意識の可動域を広げたピカソ
新聞のメリットは、世界の「今」を一覧できること
新聞に〝偶然の出会い〟を求める
良質なテレビ番組を見よう
男性はもっと女性から学べ

第3章　可動域は挑戦する者に微笑む……73

「知る」だけでは可動域は広がらない
一流のアスリートほど強敵を求める
「積み上げ方式」と「飛び石方式」
なぜ本田技研が航空機を開発したのか
エイチ・アイ・エスの幅広い事業展開は必然だった
ある道をマスターすれば、他の部分でも応用できる
クリエーティブな能力は基礎学力から

「自由にやればいい」だけではダメ
日々の課題設定で「できること」を増やす
もし副業をするなら何をするか、考えてみよう
世の中は「一人遊び」を歓迎している
本日の午後、緊急で三〇分の時間を作れますか
わずかな休日で海外に行ける人、行けない人
「可処分時間」を増やせ

第4章 「偶然の出会い」が脳を刺激する ……… 107

良寛が多くの人に愛された理由
『大家さんとぼく』の出会いは、お互いの可動域を広げた
外国人と接すれば、心の感性が一気に広がる
「師匠」との出会いで人生が大きく変わることも
「情熱」に溢れた先生を探そう
「情熱」は人から人へ伝染する

一流の人ほどオファーを断らない
チャンスの女神は前髪しかない
人と会って「刺激」を持ち帰ろう
出会いの〝ハードル〟を下げよう
「読書会」でコミュニケーションの機会を増やす
チームが人を変える
ただし「一人の時間」も大切に

第5章　関心領域を広げる「ハブ本」読書術……135

読書は世界を広げるもっとも効率的な手段
本は借りるより買ったほうがいい理由
「ハブ本」で未知の肥沃な大地を開拓する
各分野に優れた「ハブ本」がある
『ゴルゴ13』で世界を知る
ダ・ヴィンチの『手記』は思考の「ハブ本」

「箴言集」は生きるヒントの宝庫
常にメモを残す習慣を

第6章「逆境」は可動域を広げるチャンス……155

「渋み」が人生を豊かにする
佐賀藩を雄藩に押し上げた「フェートン号事件」
日本初の蒸気船開発者と「日本赤十字」の創設者は同一人物
大坂なおみは弱点を「チーム」で克服した
組織の理不尽さをチャンスに変える
異動や転勤は割り切って楽しむしかない
長谷部誠選手の〝快挙〟の裏にある、「フォア・ザ・チーム」の精神
病気やケガをきっかけに、新しい世界が開けることも
問題解決のカギは、自分の中にある

終　章　あなたが変われば世界も変わる……177
常識を砕け
「相互性」を信じる
部下の可動域を広げる二つの方法
足りないのは、少しの勇気だけ

あとがき——日本人の可動域は意外に広い　188

付録　あなたの「人生一〇〇年」は大丈夫？——可動域チェックリスト30　192

編集協力　島田栄昭

第1章

可動域を身体で実感しよう

「痛気持ちいい」を味わう

はじめに、あなたの身体の可動域を実感していただきたいと思います。

左の手のひらを上に向け、右の手のひらを左手の指の部分にかぶせるように重ね、そのままグッと下へ押し込んでみてください。つまり左手の四本の指を甲のほうへ反り返らせるわけです。左手を試したら、次は右手も試してみます。

指の関節が硬ければ、ほとんど水平のままでしょう。可動域はずいぶん狭いということになります。しかし柔らかければ、その分だけ反り返ります。もちろん個人差があって、一〇度ほど反る人もいれば、三〇度、六〇度と反る人もいます。それだけ可動域が広いわけです。

かくいう私の場合は、ほぼ九〇度近くまで反り返らせることができます。高校時代から、この〝関節技〟をずっと繰り返してきたからです。指先を机の縁《へり》に引っ掛けたり、指を一本ずつもう一方の手で握ったりして反り返らせるバージョンもあります。要するに、指を反らせれば何でもいいのです。

なぜ、こんな動作を繰り返してきたのか。一つは単純に、気持ちいいから。関節の部分が赤みを帯びてきて、縮こまっていた筋肉が伸ばされるような開放感があります。指の先端まで血が通い、感覚が研ぎ澄まされるような充実感もあります。何より、ちょうどストレッチのように、わずかな痛みが「痛気持ちいい」のです。

もう一つ、私は自分の身体の関節の可動域を広げることと、知的な活動の範囲を広げることとはイコールであると考えています。身体を動かせばこれだけ広がることを実感できるのだから、脳も活性化するはず。だから意識的に〝関節技〟をかけながら、脳に刺激を与えようとしてきたわけです。

大学院生のとき、以前から同様の〝関節技〟を実践してきたという友人に出会いました。彼は在学中から推理小説を書いて賞をもらうほどの俊英でしたが、この動作の効果を彼が証明してくれたと、私は解釈しています。

まずはこの感覚を、多くの方に味わっていただきたい。別に時間はかからないし、場所も選びません。何の副作用もデメリットもありません。いつでもどこでも「痛気持ちいい」思いをすれば、ちょっとしたリフレッシュになるはずです。

また最初はほとんど反らなくても、無理をせずに繰り返していれば、しだいに一〇度、三〇度と反るようになります。それが文字どおり「可動域を広げる」ということです。それだけ脳の動きも柔軟になる、と思い込んでいただいてけっこうです。

日常生活の中では、ふつうに動く範囲が可動域と思いがちです。しかし実際には、意図的にある程度広げることができる。このことを覚えておいて損はないと思います。

柔軟性は長寿の秘訣

私が可動域を広げたのは、指だけではありません。

小学生のころ、知り合いの八〇歳代のおじいさんに「真向法《まっこうほう》」というストレッチを教わりました。身体の根幹をしなやかに強くすることを目的に日本人が考案したもので、大きく四種類あります。

①足裏を合わせて座り、上半身を前に倒す。
②両脚を伸ばして座り、上半身を前に倒す。
③開脚して座り、上半身を前に倒す。
④正座して、上半身を後ろに反らす。

おじいさんはこれをずっと実践してきたらしく、身体はきわめて柔軟でした。例えば③をやると、上半身がペタッと床に付くほどです。また、そのせいか八〇歳代とはとても思えないほど元気そのものでした。

真向法のストレッチ

①

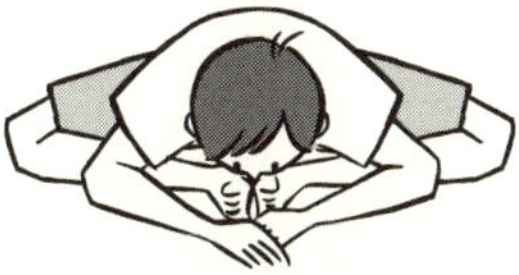

②

③

④

一方で、小学校の友人には身体の硬い子がいました。つまり、柔軟さと年齢は関係ない。ストレッチをやるかやらないかで変わっていくんだなと、当時から認識していた覚えがあります。だから、積極的にストレッチに取り組んできたわけです。

また身体の中でも、人によっては手首は柔らかいが足首は硬いとか、肩甲骨は柔らかいが股関節は硬いなど、関節ごとに事情が異なります。以前は柔らかかったのに、しばらくストレッチをサボると硬くなることもあります。だから、例えばテレビを見る際は常に「真向法」を実践するなどして、柔らかさを保ってきました。

こういう習慣を持つと、全身の感覚が敏感になります。「硬くなりそうだな」という部位に気づいて、早めに対策を打てるようになったのです。おかげで現在まで、腰痛などとはほぼ無縁です。

ちなみにストレッチで重要なのは、温めたり揺らしたりしながらゆっくりやることです。私が腰痛と「まったく」ではなく「ほぼ」無縁なのは、以前、急いで筋を伸ばしてぎっくり腰になってしまったことがあるからです。

腰は非常に微妙にできていて、一箇所でもちょっと伸ばし過ぎてしまうと、もう全身に力が入らなくなります。まさに「月《にくづき》」に「要《かなめ》」と書くとおりです。

肩甲骨を柔軟にすれば、表情まで柔軟になる

私がストレッチで特に重点を置いてきたのが、肩甲骨の周辺です。ふだんあまり意識することはないと思いますが、大きく回してみると、肩の可動域の大きさに驚くと思います。それに、腕の付け根が脇の下ではなく、肩甲骨であることも実感できるでしょう。

トラやライオンなどの動物の場合、しなやかな身体を持っているイメージがありますが、肩甲骨の可動域はそれほど大きくありません。実は人間だけが極端に大きいのです。ところがふだん、私たちはそれをあまり活用していない気がします。

私が肩甲骨に着目するようになったのは、中学生時代に硬式テニスを始めてからです。小さい身体でいかに速いサーブを打つかを考えたとき、肩甲骨を大きく回し、その動きを肘から手首の先まで伝えるのが一番いいと思い至りました。強い力を生むには、より大きな筋肉を使ったほうがいい。つまりは腹筋や背筋です。その力を腕に伝えるための大きな歯車の役割を果たすのが、肩甲骨なのです。

これは、野球の投手を見ていてもわかるでしょう。腕の力だけで投げる、いわゆる〝手投げ〟のボールは、なかなかスピードが出ません。一方、メジャーリーグで活躍する前田健太

投手が肩甲骨をグルグル回す「マエケン体操」を実践しているように、一流の投手ほど腰や肩甲骨を使って投げようとしています。

実はバレエの世界でも、肩甲骨が重要です。例えば「二〇世紀最高のバレリーナ」と称されたロシアのマイヤ・プリセツカヤは、とりわけ『動物の謝肉祭』の「瀕死の白鳥」の踊りが至宝と言われていました。身体の芯の震えが肩甲骨を通じて指先まで達し、まさに瀕死そのものに見えました。ふつうのバレリーナは肘や手先だけを揺らすので、全身が震えているようには見えません。

宝塚歌劇団でも、腕を振るときは「天使の羽が生えているイメージで」と指導しているそうです。もし人体に天使の羽が生えているとすれば、その根本は間違いなく肩甲骨でしょう。

昨今は体幹を鍛えることがブームになっています。体幹と脚をつなぐのが股関節であり、腕をつなぐのが肩甲骨です。どうせ鍛えるなら、そこまでワンセットで考えることが重要だと思います。

そしてもう一つ、肩甲骨を柔軟にすると、表情まで柔らかくなります。私はかつて身体感覚を研究していたとき、同時に感情の研究も行っていました。身体が硬い人は、表情が硬くて反応も鈍いという相関関係がありました。

イギリスの教育学者ウィリアム・コンドンの研究によれば、会話の際、聞き手の身体は話し手に合わせて小さく動いているそうです。特に上手な聞き手の場合は、顔の表情を少しずつ動かしているらしい。すると話し手も反応して、活き活きしたやりとりになるというわけです。

ところが聞き手の反応が鈍いと、心が動いていない感じがする。話し手は「この人は聞いているのか」と不安になって、話もぎこちなくなってしまうのです。こういう人に共通する特徴は、顔の表情筋が硬いことと、肩甲骨の周辺が硬いこと。つまり「心身ともに硬い」のです。

逆に言うと、肩甲骨をほぐせば上半身全体がほぐれ、表情も柔らかくなるということです。グルグル回したり軽くジャンプしたりすることは、身体だけではなく人間関係の可動域も広げてくれます。

「横隔膜を下げる」ことができますか？

肩甲骨は、呼吸とも深く関連しています。グルグル回すことで、胸のあたりにある呼吸筋を広げることができます。

パソコンに向かってずっとデスクワークをしていると、身体の可動域が狭くなり、固まってきます。これは誰でも経験があるでしょう。そうなる前に、一〇～一五分に一回の割合で肩甲骨を回す。あるいは椅子の背もたれに寄りかかって胸を大きく開く。それだけで息が入れ換わるので、ずいぶん楽になると思います。

呼吸を楽にするといえば、横隔膜があるみぞおちのまわりを柔らかくすることも重要です。みぞおちが硬いと、呼吸が深くならないのです。

作家・幸田文のエッセイ『父・こんなこと』（新潮文庫）の中に、「なた」という作品があります。父親の幸田露伴から、なたを使った薪の作り方を教わるのですが、その表現は独特です。

「『二度こつんとやる気じゃだめだ。からだごとかかれ。横隔膜をさげてやれ。手のさきは柔らかく楽にしとけ。腰はくだけるな。木の目、節のありどころをよく見ろ』全くどうしていいかわからない」

「横隔膜を下げろ」とは、呼吸を深くしろという意味です。しかしそう言われても、まったくイメージが湧かないでしょう。幸田露伴は夏目漱石と同年で、江戸時代の終わりの生まれです。ここには、武士の身体感覚が受け継がれています。

武士の心得の一つは、「肚《はら》」（臍下丹田《せいかたんでん》）を意識して呼吸すること。胃に空気を入れるわけではありませんが、いわゆる腹式呼吸をすると横隔膜が上下します。特に息を吐くときは横隔膜が下がり、気分を落ち着けることができます。そのまま息を吐き切ると、肺が広がるので、鼻から自然に息を吸うことにもなります。

逆に横隔膜が上がった状態では、肺が狭いため、呼吸は浅くなります。それでも必要な酸素を確保しようとするから、過呼吸気味になります。だから武士は、深い呼吸によって落ち着きを得ることが必須だったわけです。

これは現代でも当てはまるでしょう。ストレスを感じたり焦ったりすると、全身に余計な力が入ります。そういうときこそ、息をゆっくり吐いて横隔膜を下げ、全身を緩めていくことが必要です。そのポイントはみぞおちにあります。

みぞおちをたいへん重視していたのが、「野口整体」を生み出した野口晴哉《はるちか》です。私も二〇歳代のころ、みぞおちに注目していたので、非常に共感して関連書を読み漁った覚えがあります。

その教えの一つは、みぞおちあたりに手を入れ、身体を前に倒しながら「はーっ」と深く息を吐くこと。それによってみぞおちの周辺が柔らかくなり、身体が自然体に戻ると説いています。「野口整体」では、これを「邪気を吐く」と表現します。

試してみると、全身から力が抜けていくような感じがすると思います。今まで余計な力が入っていたんだなと実感できることでしょう。

理想とすべきは、筋骨隆々よりイチローの身体

さて、昨今は筋トレに勤しむ人も少なくありません。特に経営者は、ジムに通って鍛えている人が多いように思います。身体を健全に保ちながら、活き活きと経営するという目的でしょう。

たしかに身体を鍛えたほうが、行動半径が確実に広がる気がします。決断を迫られた際の胆力のようなものも、強い筋肉に支えられるのかもしれません。私も、ジムで読書しながらエアロバイクをこいだり、しこ踏みのスタイルで行う一〇〇回のスクワットをしたりしています。

筋トレの大きなメリットは、筋肉が目覚めること。日常でも筋肉を意識できるようになる

ので、意図的に使おうという気にもなります。すると、ますます筋力がつくという好循環に入れるわけです。

恐ろしいのは、まったく運動不足の状態が続いて足腰が衰えてしまうことです。特に中高年層の場合、そうすると転びやすくなり、骨折して歩けなくなり、そのまま寝たきりになるという負のルートに入りかねません。

それを防ぐためにも、日ごろから少なくとも下半身は鍛えたほうがいいでしょう。ジムに通うのが面倒でも、まずは歩くこと、そしてスクワットをすればいいというのが、私の知り合いの医師の見立てです。

ただし個人的には、上半身はムキムキに鍛えてはいません。もちろん人それぞれですが、私の場合は肩がこわばって逆に調子が悪くなるのです。

丹田呼吸法の世界には、「上虚下実《じょうきょかじつ》」という言葉があります。上半身をリラックスさせ、下半身を充実させるという意味です（臍《へそ》の上を虚にして、臍の下を実にするという意味もあります）。体質的に私と同じ傾向がある人は、上虚下実の自然体を理想形とすればいいのではないでしょうか。

参考になるのが、先ごろ引退したイチロー選手のしなやかな身体です。筋骨隆々な選手がひしめくメジャーリーグの中にあって、イチローはむやみに身体を大きくしないように努めていたそうです。

その結果は周知のとおり。序章でも述べましたが、積み重ねたヒット数も、「レーザービーム」と称された肩力も、脚力もさることながら、何よりもすごいのは長い現役時代を通じてまったく故障しなかったことです。あれだけすべてのプレーに全力を尽くしていながら、筋肉系のトラブルは皆無に近い。これは奇跡的なことだと思います。

一流アスリートが信奉する「初動負荷理論」とは

そんなイチローの身体を支えたのが、トレーニング研究施設「ワールドウィングエンタープライズ」の代表を務める小山裕史さんが考案した「初動負荷理論」。強さと柔らかさを同時に伸ばすようなトレーニング法です。

ふつう、身体の動作の最初には大きな負荷がかかるため、筋肉は緊張を強いられます。これが動作を硬くしたり、故障の原因になったりする。そこで特殊なマシンを使い、逆にリラックスして動作を始めるとともに、身体の可動域を広げるようにトレーニングすることで、脳と神経と筋肉の機能が向上するそうです。

イチローだけではありません。やはり長く現役を続けた中日ドラゴンズの山本昌さんや岩瀬仁紀さんをはじめ、錚々《そうそう》たる野球選手がこのトレーニングを実践したそうです。筋トレで鎧のような身体を作るより、可動域を広げるほうが理にかなっているということでしょう。

これは、サッカー選手についても言えます。アジアからヨーロッパのクラブチームに移籍した選手が失敗するパターンの一つは、強い当たりに負けないために、屈強な肉体に改造することです。その場合、かえって重くなってスピードが落ちてしまいます。

一方、それとは対極的な哲学をサッカー界に持ち込んだのが、一九七〇年代のスーパースターであるヨハン・クライフです。彼が提唱したのは「トータルフットボール」で、今日のサッカースタイルの原型になっています。

スペインのFCバルセロナの選手として活躍し、後に監督になったヨハン・クライフは、屈強な選手よりテクニックのある選手を重視しました。つまり、身体をぶつけられても倒れないことではなく、そもそもぶつからないような俊敏さ・柔軟さを求めました。

その系譜を体現しているのが、かつてFCバルセロナの選手であり、今はヴィッセル神戸で活躍するイニエスタ選手です。ひと目見ればわかるように、決して筋骨隆々ではありません。私たちでも親近感を抱けるような小さな身体で、敵の間をするするとすり抜けていくプレースタイルです。同じく小柄なシャビ選手などとともに、FCバルセロナ時代には何度もクラブチーム世界一に輝いています。

一流のアスリートでさえ、ひたすら全身の筋肉を鍛えているわけではない。それよりも柔らかさ・しなやかさを重視している。筋トレはあくまでも個々人の好みの問題ですが、この事実は参考にしたほうがいいでしょう。

全身の力を抜けば、視野が広がる

この「初動負荷理論」と似ているのが、およそ一〇〇年前に開発された「アレクサンダー・テクニーク」と呼ばれる演劇の技術です。オーストラリアの役者だったフレデリック・マサイアス・アレクサンダーは、舞台上で緊張のあまり声が出なくなるという状態に見舞われます。そこから、とにかく全身のムダな力を徹底的に抜いてリラックスする方法を編み出したのです。いわば〝脱力〟をワザ化することにより、どんな状況でもしなやかに対応できるようにしようというわけです。

例えば『心と体の不調を解消するアレクサンダー・テクニーク入門』（青木紀和著、日本実業出版社）では、以下のように述べています。

「私たちは、寝ているとき以外の時間を、立っているか座っているかのどちらかで過ごしていますが、この間、ずっと『体を支える活動』を行っています。そして、多くの人は、この活動を過剰なもの、つまり『体を支え過ぎ』の状態にしているのです」

そこで一つひとつの力を意識的に抜いていこうというわけですが、同書では、その根幹にあるのが「気づく訓練」であるとしています。立っていても座っていても、「自分は今、ここに力が入り過ぎているな」と認識することから出発し、脱力していきます。

また『実践アレクサンダー・テクニーク』（ペドロ・デ・アルカンタラ著、風間芳之訳、春秋社）では、これを学ぶ意味について、以下のように述べています。

「テクニークを学ぶ目的は、頭・首・背中の自然な働きを妨げるのをやめ、妨げが再び起こらないようにする方法を身につけることです。自分の頭・首・背中を、良いと思われる方向に向けたとしても、それが正しいかどうか保証はありません。何かをするのではなく、間違ったことをするのをやめることが必要なのです」

そもそも身体は、私たちが意識しなくても最適な状態を心得ている。むしろ私たちが余計なことをして、身体の働きを阻害していることが問題。それに気づいて、身体を本来の状態に戻そうというわけです。

私たちはふだん、身体の動きと自分のコンディションや感情との関連を考えることは少ないと思います。これらが密接につながっているとすれば、日々のストレスや疲れとのつき合い方も見直したほうがいいし、またより高いパフォーマンスを得るための一助になるかもしれません。

身体を使って脳をリセット

身体と脳の働きが連動しているということは、誰でも経験的に理解しているのではないでしょうか。イライラしたときにちょっと運動するとスッキリしたり、ジョギング中にいいアイデアが浮かんだりといったことは、よくあると思います。

それは単に、趣味のレベルの話ではないかもしれません。二〇一八年にノーベル生理学・医学賞を受賞した京都大学特別教授の本庶佑さんは、無類のゴルフ好きとしても有名です。

その本庶さんを紹介する読売新聞の記事は、以下のように記しています。

「本庶さんによれば、研究者とプロゴルファーには共通点があるという。『自己責任でやる』『常に考えなくてはいけない』。この2点を挙げている本庶さんは、『プレーの間は研究のことも一切考えないし、完全に気分転換ができる』と語っている」

（「読売新聞オンライン」二〇一八年一二月一〇日付）

また同記事では、二〇一五年にやはりノーベル生理学・医学賞を受賞した、同じくゴルフを愛しておられる北里大学特別栄誉教授の大村智さんの言葉も紹介しています。

「ゴルフはプレー中に頭をカラッポにできるのがいいですね。科学者は研究に熱中すると、興味の赴くままに大筋からドンドンはずれて、まったくムダなことをしていることがあります。そんな時に頭の中をいっぺんカラにすると、大局にたってモノが見られるようになるものです」（同）

本業とはまったく別の世界を持つことにより、本業の行き詰まりを解消するということは、たしかによくあると思います。睡眠は頭の中の整理に役立つとよく言われますが、身体を使ってもっと積極的にリセットすることで、感情も落ち着くし、脳の可動域を広げることにもなるのでしょう。

ノーベル賞といえば、京都大学iPS細胞研究所所長の山中伸弥さんも、毎月三〇〇キロは走っているそうです。ものすごい量ですが、おそらく走ることが研究にもいい効果をもたらしているのでしょう。単に健康を維持するだけではなく、頭をすっきり整理させたり、意識を切り替えたりするのに効果があるのだと思います。

「文武両道」のすすめ

江戸時代の武士は、おおむね文武両道でした。藩校などでは、儒教をはじめさまざまな学問を修めるとともに、剣術を学ぶことが必須です。だから危機的な状況でも強いメンタルを保つことができました。

その観点で考えれば、高校などが「文武両道」を目指すことは、理にかなっています。「武」に精を出すことで身体とともに精神を鍛えれば、それは「文」にもいい影響をもたらすはずです。ただし重要なのは、学校全体としてそうなることではなく、個人が両道を持ち合わせること。

例えばスポーツの強豪校では、運動部の生徒と大学進学を目指す生徒を明確に分けて教育しながら、「文武両道」を標榜しているところもあります。これでは生徒が「文」か「武」のいずれかに偏るので、あまり意味はありません。個々の生徒が勉強もやる、スポーツにも力を入れる。それが、真の意味での「文武両道」なのです。

これは、社会人にも当てはまるでしょう。仕事を「文」とすれば、それとは別に「武」の世界を持つということです。ただし「武」については、スポーツに限らず、もっと広く「身体系」と捉えてもいいかもしれません。

例えば私の友人は、五〇歳を過ぎてから夫婦で合唱団に入りました。けっこう本格的で、ドイツ語やラテン語の曲も歌うらしい。そういうものにチャレンジすると、ふだんの仕事で使う脳とはまったく違うので、非常に新鮮で心地いい刺激を受けられるそうです。

ちなみに彼は、それまで白髪が多かったのですが、いつの間にか黒髪が増えていきました。これには本人も、「合唱に髪の毛を黒くする効果があるとは知らなかった」と驚いています。医学的な因果関係は不明ですが、表情を見るかぎり、若返ったことは間違いありません。

あるいは楽器でも散歩でも、身体を使うものなら何でもいいと思います。脳が刺激されて仕事にもプラスの影響が出るはずです。

危惧すべきは、ネットやスマホの発達です。特に若い人を中心に、最近はテレビよりYouTubeを見ている時間が長いという人も多いようです。それだけならまだいいのですが、自分の余暇時間のほとんどをYouTubeとともに過ごすという人がいます。

あるいはYouTubeのみならず、仲間内でずっとLINEのやりとりをしていたり、オンラインゲームに熱中していたり。いわゆる「スマホ依存」の状態です。

その時間は、知的な活動をしているわけでも、身体を動かして何らかの技術を取得しているわけでもありません。つまり「文」でも「武」でも可動域は広がりません。これは時間の使い方として、非常にもったいないと思います。

もちろんスマホで時間を潰すことは時にけっこうですが、そればかりになってはいけない。「文」か「武」か、いずれかにも相応の時間を配分するほうが、結果的に可動域が広がって楽しみが増えると思います。

第2章
あなたの視野は、まだまだ狭い

自分の好きなものを二〇個挙げられますか

世の中には「幸福論」というものがいくつか存在します。特に有名なのが、イギリスの哲学者バートランド・ラッセルによる『幸福論』です。そこで説いているのは、「幸福には自分の内側を掘ってもなかなか出会えない。とにかく好奇心を持って意識を外の世界に向けよう。新しい出会いこそ幸福感をもたらす」ということです。

これは言い換えれば、「可動域をどんどん広げよう」ということにほかなりません。自分の見ている世界を固定化させず、もっと外を見なさい。すると出会いが増え、自分が活性化してくる。こういうプロセスです。自己とは内側に閉じていくものではなく、外側との接触面によって形成されるという考え方でしょう。

その具体策として、私はかねて「偏愛マップ」というものを推奨してきました。序章でも紹介しましたが、A４の紙一枚に、とにかく自分の好きなもの、偏って愛しているものを列挙していくのです。好きなミュージシャン、好きな映画、好きな食べ物、好きな国等々、何でもかまいません。

それらの一つひとつは、すべて自分の外側にあるものです。しかし並べてみると、全体と

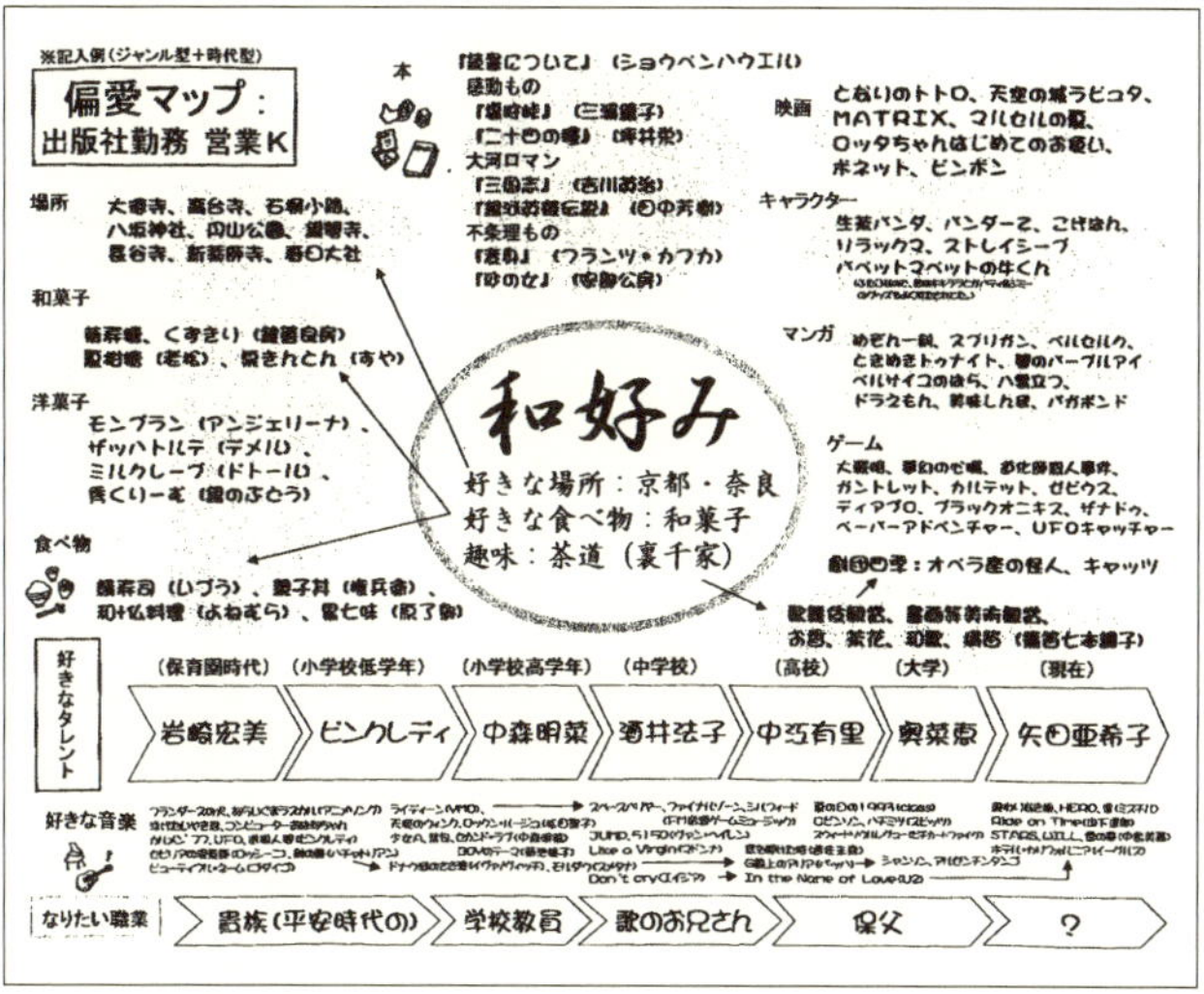
※記入例（ジャンル型＋時代型）
偏愛マップ：
出版社勤務 営業K
和好み
好きな場所：京都・奈良
好きな食べ物：和菓子
趣味：茶道（裏千家）
場所
和菓子
洋菓子
モンブラン（アンジェリーナ）、
ザッハトルテ（デメル）、
ミルクレープ（ドトール）、
食べ物
本
感動もの
大河ロマン
不条理もの
映画
となりのトトロ、天空の城ラピュタ、
MATRIX、マルセルの夏、
ボネット、ピンポン
キャラクター
リラックマ、ストレイシープ
マンガ
ゲーム
ガントレット、カルテット、ゼビウス、
ディアブロ、ブラックオニキス、ザナドゥ、
ペーパーアドベンチャー、UFOキャッチャー
好きなタレント
（保育園時代）（小学校低学年）（小学校高学年）（中学校）（高校）（大学）（現在）
岩崎宏美
ピンクレディ
中森明菜
酒井法子
矢田亜希子
好きな音楽
なりたい職業
学校教員
歌のお兄さん
？

偏愛マップの例

して自分自身以外の何者でもないように見えてくるはずです。まったく同じものを並べる人は、おそらく世界中を探してもいないでしょう。

つまり、「自分」とは、自分のこういう世界を指すわけです。その世界が狭いと、人間的にもつまらない人ということになってしまう。例えばゴッホのように絵画一筋の人物にしても、星空や糸杉、麦畑、ひまわり、南仏、黄色、日本の浮世絵などいろいろ出てくると思います。

自分の世界はできるだけ広げたほうがいい。それこそが、可動域を広げ続けるということです。

例えば、この「偏愛マップ」を一年ごとに更新するとします。そのたびに変化しているとすれば、その人の可動域は広まっていると言えるでしょう。逆にほとんど変わらない、もしくは以前好きだったものさえ興味を失ったとなると、可動域が狭まっている感じがします。

後者の場合、そのまま行けば「偏愛マップ」は空白だらけになるかもしれません。それはもはや、「魂の死滅」に近いのではないでしょうか。

「好きなもの」は突然目の前に現れる

「経営の神様」の異名を持つP・F・ドラッカーは、日本画への造詣がきわめて深い人物でもありました。若いころ、ロンドンで金融機関に勤めていたのですが、たまたま入った日本画展ですっかり魅了されたのです。以来、日本画の勉強をするとともにたいへんなコレクターにもなり、ついには大学で日本画について講義するまでになりました。

おそらくそれは、ドラッカーの思想や経営理論にも少なからず影響を及ぼしたと思います。美の感覚が満たされることで地下水のように潤いを与え、本業のエネルギーになっていたのではないでしょうか。

こういう偶然の出会いは、日常においてけっこうあるものです。それまでまったく興味のなかったこと、むしろ嫌悪していたことさえ、何かのきっかけで好きになったという経験は、誰にでもあるでしょう。

私も、たまたまある店のショーウィンドウに飾ってあったペルシャじゅうたんの色に心を奪われ、フラフラと店内に入ったことがあります。

するとイラン人の店主は、ペルシャの何千年に及ぶ歴史からじゅうたんの特徴まで、さまざまなテキストを提示しながら、レクチャーをしてくれました。すっかり魅了された私は、ついにその場で高額な一枚を買うことになりました。

それまでペルシャじゅうたんにまったく興味はなく、むしろ「高級なシロモノだから自分には縁がない」くらいに思っていたのですが、こういうことがあるから人生はおもしろいのです。

もっと若い二〇代のころ、一枚の絵画を衝動買いしたこともあります。定職もお金もなく、将来への不安だけがあって鬱々としていた当時、たまたま池袋で開かれていた展覧会を覗いたところ、暗い海底に沈む藻を描いたような印象画に出会いました。それがまさに自分の心象を映しているように思えて、つい買ってしまいました。

その絵は今でも自宅にあって、それを見ると当時のことをよく思い出します。けっして安くはありませんでしたが、自分の来し方を振り返るきっかけを与えてくれたという意味で、ムダな買い物ではなかったと思っています。

街をふだんどおり歩くだけでも、こういう〝出会い〟が転がっているわけです。そこで重要なのは、自分の感覚を遮断しないこと。外部から飛び込んでくる情報を、常にキャッチしようと心がけることがその第一歩でしょう。

ネットは関心の領域を広げる最高のツール

現代は、情報の範囲を広げようとさえ思えば、簡単にいくらでも広げられます。テレビには有料も含めれば大量のチャンネルがあるし、手元にスマホもパソコンもある。人類史上、これほど膨大なコンテンツを安価かつ手軽に楽しめる時代はないでしょう。

例えばYouTubeだけでも、自分が知らなかった世界の映像を見たり、関心がなかった音楽を聴いたりすることができます。前章では「YouTubeばかり見ていてはダメ」と述べましたが、問題なのは〝ばかり〟になることです。興味の範囲を広げるとっかかりを得るという意味では、これほど便利なツールはありません。

少し前にも、WOWOWでたまたまグラミー賞の表彰式を見ていたら、ルイス・フォンシ&ダディー・ヤンキーが、ノミネートされた曲「Despacito」を熱唱していました。まったく知らなかったのですが、ラテン系のノリの明るい曲です。「いい曲だな」と思ってYouTubeでチェックしてみたところ、その時点で視聴回数は約五五億回。世界の全人口に迫る勢いで再生されていました。

これだけ多くの人が聴いているということは、何か普遍的なよさがあるはずです。それを確認しようと、ただちにCDを買い、買ったからにはもったいないのでウォークマンに入れ、繰り返し一〇〇回ほど聴きました。

その結果、ラテン系のリズムがすっかり身体に刻まれ、自分の興味範囲の一つに加わりました。今まではラテンとはほとんど無縁でしたが、街中でふと耳に入った同じようなリズムにも、つい反応するようになりました。これも、可動域が広がるパターンの一つでしょう。

ほんの些細な変化ですが、これだけでもワクワク感があります。大げさに言えば、こういう積み重ねが、生きていく上での推進力になる。それに、この世にはまだまだ出合っていないものが多数あるんだなと、将来にも希望を抱けるようになります。

実際、YouTube でなんとなくラテン系の曲を探していたら、一〇代後半のカミラ・カベロが歌う「Havana」という曲に行き着きました。これにも興味が湧いてアルバムを買ったのですが、他にもいくつかいい曲がありました。結局、アルバム全体を何度も聴き返して、いよいよ中南米の気分に浸っているところです。

また、これだけ YouTube でラテン系の曲を聴いていると、画面右側に多数のラテン系の関連動画が表示されます。それを適当に拾ってみると、さらに気に入った曲を発見することがあります。

そのCDをまた買って何度も聴き、そのアーティストに詳しくなり……、ということを繰り返していくと、自分の中に新しい世界が生まれることになります。これが「ハマる」ということでしょう。

つまり、他者の感覚を内側に引き入れ、自分の感覚にするわけです。当初違和感のあったものが当たり前に感じられ、やがて快感に変わっていく。この循環が可動域を広げるということだと思います。

ちなみに、単に気に入った一曲を聴くだけなら、そのたびにYouTubeで再生するだけでも問題はありません。しかし、私も大人なので、文化が社会の中でどのように成り立っているか、ある程度は理解しているつもりです。そこにわずかでも貢献しようと思うなら、CDを買うことが当然の対応だと考えています。

アイドルグループも試してみる

もっとも、音楽は自分の好みのものだけを聴く、という人も多いと思います。中学や高校時代に買ったレコードを大人になってからCDで買い直し、今はmp3で聴いているというパターンです。

すると、たしかにいつでも青春時代を懐かしむことができます。それはそれで楽しいですが、可動域は広がりません。せっかくコンテンツが溢れる今の時代に、一〇代への懐古ばかりで過ごすというのは、ちょっともったいない気がします。

私は、まったく無関心または毛嫌いしてきたジャンルこそ、一度は聴いてみたほうがいいと考えています。その極端な例として、今の一〇代が夢中になっているアイドルやアニメの歌にチャレンジしてみてはいかがでしょう。

昨今の流行歌主流といえば、ＡＫＢ48をはじめ、乃木坂46、欅坂46といったアイドルグループです。粗製乱造とか、みんな同じ顔に見えるとか、どの曲も似たり寄ったりとか、批判はいろいろありますが、単なる〝食わず嫌い〟かもしれません。丁寧に見ていくと、この子たちもがんばっているとか、メンバーそれぞれに役割や個性があるとか、気づける部分もあると思います。

もしYouTubeなどで見てピンと来なかったとしても、注目すべきはコメント欄です。売れているアイドルほど大量のレビューがありますが、熱烈なファンの投稿に混じって「この動画を見て印象が変わった」「まさか自分がアイドルにハマるとは思わなかった」といったコメントも少なからずあります。

私は、インターネットの真骨頂はレビューにあると思っています。それによって新たな視点を提供されたり、ウィキペディア的な情報が書き込まれていたり、まったく同意見で連帯感を持ったり。ましてや自分にとって門外漢のジャンルのレビューは、いろいろ教えられることが多いものです。

結果的にアイドルに興味が持てなかったとしても、そのアイドルに熱狂するファンの気持ちはわかるようになる。あるいはヒットさせるためにどんな演出や露出をしているかも垣間見ることができる。現代に生きている以上、そうしたことを知ると知らないとでは、世の中の見方がずいぶん違ってくるのではないでしょうか。

ちなみに私は、この世代にしてはアイドルにかなり詳しいほうだと思います。おかげで、彼女たちのファンである学生たちと話が合ったりする。一部では「詳しすぎて気持ち悪い」とも言われるのを恐れているのですが、敷居を設けずに可動域を広げた結果だと自負しています。

先日も大学の卒業式の後、私は卒業生たちとカラオケに繰り出しました。彼らが「ルビーの指輪」のような昭和の歌をけっこう知っていて感心したのですが、私も、あいみょんの「君はロックを聴かない」を、そこの場で聴いて気に入り、その後CDを買ってリピートして覚えました。

余談ながら、この曲はタイトルが斬新で気に入っています。そこで私は、『論語』を読む授業の際に「『君は論語を読まない』という架空の曲の歌詞を考えて」と冗談半分に課題を出したところ、それに応じて書いてきた女子学生がいました。

「君は論語なんか読まないと思いながら、少しでも孔子に近づいてほしくて〜」と綴られたその歌詞は、きわめて秀逸でした。中国の古典中の古典と日本の最先端の音楽が結びつくことで、かくも新しい世界が誕生したわけです。

どんなジャンルにも一流がある

考えてみれば、かつて一九五〇〜六〇年代に初めてロックという音楽が生まれたときも、若者には熱狂的に支持された反面、中高年層には「下品でうるさいだけ」「不良の音楽」と批判の対象でした。

しかしその後、ビートルズが登場して風向きが変わります。それまで批判一辺倒だった中高年層が、「よくよく聴いてみたらいい曲じゃないか」と言い出した。これは別に若者に迎合したのではなく、ビートルズによって可動域が広がったわけです。

逆のパターンもあります。ロックしか聴かないと決めつけていた若者が、例えばベートーベンの「第九」を聴いて衝撃を受け、クラシックのロックな部分に目覚めるということもあるでしょう。どんなジャンルであれ、いいものは世代とは関係なく受け入れられるのです。要は、本人の姿勢次第だと思います。

かのゲーテも、若い詩人エッカーマンとの対談をまとめた『ゲーテとの対話』(エッカーマン著、山下肇訳、岩波文庫)の中で、「ジャンルに貴賤なし」という話をしています。ジャンルそのものに上下関係があるわけではなく、どんなジャンルであれ、その中に一流のものがあるのです。

アイドルの曲や歌謡曲というと、クラシックやジャズなど音楽の多くのジャンルの中では、最初から低く見てしまいがちです。しかし、その態度は正しくない。クラシックやジャズの中に一流二流があるように、アイドルの曲や歌謡曲の中にも一流二流がある。それぞれの一流には、かならず見るべきものがあるはず。そう考えれば、世の中のどんなジャンルも見逃せないという気になってきます。

以前、私はホアキン・コルテスという当代一流のフラメンコのダンサーの公演に行きました。もともとフラメンコにさして興味はなかったのですが、映像を見る機会があり、これはぜひ生で見てみたいと思ったのです。中高年男性が一人でフラメンコの公演に行くのは奇異に映るかもしれませんが、一流を見ておけばフラメンコの世界への突破口が開ける。こういう瞬間が、可動域を広げるためには大事だと思っています。

ダンスといえば、『ザ・ダンサー』というフランス・ベルギーの映画も刺激的でした。「モダンダンスの祖」と呼ばれる女性ダンサーのロイ・フラーの伝記映画ですが、とにかくその映像が美しい。長いバトンを両手に持って蝶のような衣装を身につけ、身体や両腕を回転させながらヒラヒラと舞うのです。ロイ・フラーはそういう踊りを編み出し、照明まで自身で演出したとのことです。

その後を追うように登場したイサドラ・ダンカンが脚光を浴びたため、ロイ・フラーの名を知っている人は日本でも少数だと思います。しかし、どんな世界にも革命的な天才がいて、その存在が今日にも影響を及ぼしていることは少なからずあります。

しかも、そこに至るまでにはたいてい多くの苦悩や葛藤がある。こういう伝記映画を通じてそのドラマを知ることは、新たな世界の扉を開くとともに、同じ人間として共感したり感銘を受けたりする機会にもなります。イサドラ・ダンカンをはじめ、もっと多くのダンスを見てみようという気にもなります。わずか二時間弱でそれほど変化できるのですから、知らないからと敬遠しなくてよかったとつくづく思います。

一日一本の映画を見る

そうした出会いを期待して、私は一日にほぼ一本ずつ映画を見ることを日課にしています。それなりに忙しい日々を過ごしていますが、時間は作ろうと思えば案外作れるものです。

昨今はたいへん便利な時代で、ネットの配信サービスや有料チャンネル、それにＮＨＫのＢＳプレミアムなどで大量の作品を提供しています。ＷＯＷＯＷシネマだけでも一日中映画をやっています。新作を見るときは時間を作って映画館にも行くし、旧作でも積極的にＤＶＤのセットを買ったりしていますが、とにかく見ようと思えばいくらでも見られるわけです。

その恩恵に浴するため、もう「どの作品を見るか」という選択はあまりしません。とにかく「来た球を打つ」ように、片っ端から見る。中には傑作も駄作もありますが、どんな作品であれ、そこには自分とはまったく違う何らかの人生があります。それを主人公とともに疑似体験することが、映画の醍醐味でしょう。

しかもいい映画は、何らかの〝気づき〟をもたらしてくれるものです。前述の『ザ・ダンサー』もそうですが、歴史に埋もれた人物に脚色も含めて光を当てたり、社会のあり方を風刺したり警鐘を鳴らしたり、あるいは役者の意外な一面を引き出したり。見終わった後にちょっと世界観が変わったような気にさせてくれたとすれば、それは充実した時間の過ごし方だと思います。

もちろん、映画にそんな時間をかけられないという人もいるでしょう。ヒット作を優先したり、見たい作品を厳選したりするのが一般的かもしれません。娯楽の一つなので、それでも十分です。

しかし、例えば三本に一本とか五本に一本くらいは、厳選したら絶対に見ないような映画を試してみるのもおもしろいと思います。たとえ退屈でも、違和感があっても、所詮は二時間程度のつき合いです。「やはりこういう作品は自分に合わない」と知ることも、〝気づき〟の一種でしょう。

あるいは案外おもしろかったり、一部分だけでも共感できるシーンやキャラクターに出会えたとしたら、それだけで感情や感覚の可動域が広がることになります。こういう〝免疫〟をつけておくと、見たい映画の範囲も格段に広がる。やがて、一日一本は見たいという私の気持ちも理解できるようになるのではないでしょうか。

美意識の可動域を広げたピカソ

絵画の場合、もっと好みが分かれると思います。例えばモネやルノワールのような印象派は誰にでも好まれますが、それ以外は見向きもしないという人がけっこういます。嫌っているというより、「どうせ良さがわからないから」と決めつけている感があります。

例えばジャクソン・ポロックの抽象画を初めて見て、「絵の具をぶちまけただけじゃないか」と思う人もいるでしょう。二度と見たいとは思わないかもしれません。

ところが、昨今はその作品がきわめて高額で取引されています。そんなニュースを見聞きすると、ちょっと印象が変わると思います。あらためてその絵を見てみると、「この偶然的な配色がおもしろい」とか、「子どもなら整った絵よりこの絵を喜びそう」などと感じるかもしれません。

そうなると、抽象画への見方も変わってくるはずです。かつては見向きもしなかったとしても、「機会があれば見てみたい」「ジャクソン・ポロックの作品と比べてみたい」と好奇心が湧いてくる。つまり一枚の絵を受け入れることで、急激に守備範囲が広がるわけです。

こうした観点で考えると、ピカソは実に偉大でした。人類の美意識の可動域を広げる努力をし続けた画家だからです。

周知のとおり、ピカソはきわめて多作でした。それも九一歳の生涯を通じて、作風を何度も変えています。幼少期から大人顔負けの見事な作品を残していますが、「青の時代」と呼ばれる二〇歳代前半では、青を基調とした孤独な人物像を多数描いています。その後は「ばら色の時代」「キュビズムの時代」などを経て、有名な「ゲルニカの時代」に入り、晩年は「ようやく子どもらしい絵が描けるようになった」と本人が語るように、よりカラフルで大胆な作品を生み出します。

ピカソは、未完成を恐れず、どんどん次の制作に向かいました。

言い換えるなら、常に新しい表現を模索し続け、それを世に問い続けました。見る側にとっては、次々と見たこともない作品を提供されながら、これも芸術であると認識を更新させられました。いくら「天才」と讃えても讃えきれないほど、その功績は大きいと思います。

新聞のメリットは、世界の「今」を一覧できること

ラテン系の音楽をいろいろ聴いているうちに、私はSia（シーア）という女性アーティストが歌う「Move Your Body」という曲にたどり着きました。「This is Acting」というタイ

トルのＣＤに入っています。繰り返し聴いているうちに「Move Your Body」というフレーズが気に入って、今では〝マイブーム〟の標語にしています。「身体を動かせ」という単刀直入なメッセージは、どんな場面でも応用できます。

例えば、それは実際に身体を動かすことだけではなく、ネットから情報を得る際にも言えることだと思います。どんどん他のページに飛ぶことができるので、それを利用しない手はありません。私の感覚では、だいたいリンクを興味本位で三回ジャンプすれば、まったく想定外のニュースに行き着くことができます。ある意味偶然に身を委ねるわけですが、その意外性がネットの醍醐味でしょう。

同じことは、新聞についても言えます。若い人を中心に新聞購読の習慣が薄れつつあるようですが、それは情報や教養の幅の狭さにつながっている気がします。

新聞の大きなメリットは、一覧性があること。開けば興味のなかった記事も目に入ってきます。ざっと読むと、世界中で今、何が起きているかがわかる。世界に対して当事者意識を持ち、自分なりに見識を持つことができます。つまり、知の可動域が大きく広がるわけです。

私は、大学一年生を対象に、新聞を読む授業を行っています。

それぞれ気になった記事を切り取ってノートの左側に貼り、右側にその要約や自分なりのコメントを書く。さらに、それについて全員の前でスピーチしてもらうまでがワンセットです。

残念ながら、今の学生の多くは新聞を読む習慣を持っていません。一人暮らしの場合はもちろん、自宅生の場合でも購読していなかったりします。だからこういう課題を出すと、たいてい戸惑います。駅やコンビニで買うお金が惜しければ、よく行く中華料理店で三日前の新聞をもらってきてもいいから、とハードルを思いっきり引き下げるのが常です。

しかし何回か繰り返しているうちに、学生たちの反応が変わってきます。「新聞がこんなにおもしろいとは知らなかった」「ニュースでよく聞く時事問題の意味がわかった」「今までまったく知らなかったことに関心が持てるようになった」といった具合です。

新聞にちょっと目を通すだけで、まさに知の可動域が広がったわけです。しかもそれが、当人にとって快感であると気づくことも大きいと思います。

新聞に〝偶然の出会い〟を求める

新聞は、殺伐とした記事ばかりではありません。連載コラムもあるし、書評欄や文化欄も充実しています。たまたま目を通し、知らなかった人物や芸術などに興味を抱くこともあるでしょう。そんな偶然性も、新聞のおもしろいところです。

ついでに言えば、下部の広告欄も見逃せません。まったく関心のなかった分野の本の広告でも、魅力的なコピーとともに掲載されていると、つい読んでみたくなります。「○万部突破」などと書いてあると、世の中の空気感のようなものも伝わってきます。そこから、新しい世界に関心を持ち始めることもあるでしょう。

こうしたことが毎日、〝日替わり〟で掲載されるわけですから、新聞が持つ偶然の出会いのポテンシャルはきわめて高い。これを利用しない手はありません。

また最近の新聞には電子版もあります。紙の新聞とはいささか使い勝手が違いますが、いろいろな記事に飛べるし、もっと深い長文の特集記事や解説を読めるところも魅力でしょう。

新聞によってさまざまな事件の背景や組織の裏側、国家の事情、人間関係の機微などを知ると、つい誰かに話したくなります。前日までまったく知らなかったことを、翌日に訳知り顔で話せるとすれば、これは大きな進歩だと思います。新聞を読むことで、ほぼ毎日可能になるわけです。

もちろん、それによって雑談の話題にも困らなくなります。各方面の事情に詳しければ、信頼度も増すでしょう。つまり目先を意図的に動かすことで、人間関係を広げることも可能になります。

良質なテレビ番組を見よう

新聞と並ぶメディアの代表といえばテレビです。ところが、こちらも最近は若者を中心に「ほとんど見ない」「ネットのほうがずっとおもしろい」という人が増えています。むしろ、そのことを誇らしく思っている人もいるようです。

しかしそれは、自ら視野を狭めているだけだと思います。序章で触れたように、「定年後のテレビ漬け」は問題なのですが、良質なテレビ番組は、あなたの可動域を広げてくれます。

例えば、『世界くらべてみたら』（ＴＢＳ系）という番組があります。世界の人々の生活や考え方を、日本と比較しながら紹介するという番組で、当然ながら世界中で取材を行っています。

先日も、ケニアで売れている商品を紹介していました。ケニアのある地域では毎日プラスチックの大きな容器に水を入れて運ばなくてはいけない。それは子どもたちの仕事で、それだけで一日五時間程度もかかるそうです。おかげで学校に行く時間もない状態でした。

ところが最近、まったく形状の違う容器が登場し、爆発的に売れているとのこと。大きなちくわ状の容器で、空洞部分に紐を通して腰で引くことで、転がしながら運べるそうです。これを使えば、五時間だった作業が一時間で済み、子どもたちも学校に行くことができます。また容器メーカーも、ビジネスとして大成功したそうです。

私はこの話がすっかり気に入り、社会人向けのセミナー等でしばしば紹介しています。「これこれの状況で子どもたちが学校に行けていません。もっといい形状の容器はないか、それぞれ考えてみてください」と課題を出すこともあります。

すると、優れたアイデアがいくつも出てきます。ほんの数分前までまったく知らなかった話でも、当事者意識を持てば、脳は働き出すのです。そのきっかけとして、テレビ番組は大いに役立つと思います。

もちろん、ネット上にこの手の話は多数あるでしょう。しかし、自ら検索しなければヒットしません。その点、テレビはなんとなく見ていることが多いので、まったく知らなかった話でもつい目に飛び込んできます。

教養に特化した番組という意味では、ＮＨＫ・Ｅテレの『１００分ｄｅ名著』が優れています。古今東西の難しそうな「名著」を、一回二五分で四回、合計一〇〇分でコンパクトに読み解く番組です。

私は名著にかなり詳しいほうですが、それでもあらためて「そうだったのか」と気づかされることがあります。もう一度読んでみようという意欲をかき立てられます。それだけ指南役の先生の人選も含め、内容が的確なのでしょう。

この番組を見て「名著」を読んだ気になるのもけっこうですが、せっかく興味を持ったなら、ぜひ実物を買って読んでいただきたい。番組とは違って難解かもしれませんが、予備知識がある分、ゼロの状態から読むよりは理解しやすいと思います。

それに、「名著」は単に読むだけではなく、自分の書棚に並べること自体に意味がありますす。ある程度の年齢を重ねて自室に書棚がなかったり、あっても軽いハウツー本ばかりが並んでいるようでは、いささか恥ずかしい気がします。

そこに「名著」が割り込み、一〇年、二〇年を経て一定の割合を占めるようになれば、風格のようなものが備わってきます。それを日々眺めているだけでも気分がいいし、同時に「名著を読んだ自分」をもっと律しようという気持ちにもなるでしょう。これも「痛気持ちいい」の一種です。

また、テレビ番組の中で、見下されやすいのがバラエティ番組です。多数出演するお笑いタレントを「つまらない」と片付けてしまうのは簡単ですが、それは「おもしろさに気づけない」と表明しているようなもので、逆に恥ずかしいことのように思います。

番組でしばしばご一緒させていただくビートたけしさんは、「今の若い人の漫才は、俺たちよりずっと上手いよ」といつも話しています。だから「Ｍ－１グランプリ」にしても、「俺たちが審査員なんかできない」というのが持論です。

おそらくこれは謙遜ではなく、それだけお笑いの感度が高いのでしょう。たけしさんはピアノやタップダンスを練習したり、新しい小説を書くためにいろいろ資料を調べたり等々、とにかく現在進行形の話が多く、常に可動域を広げる努力を怠らない人です。

同じく各方面に対して感度が高いといえば、所ジョージさんです。『所さんの世田谷ベース』というテレビ番組でもわかるとおり、とにかく多趣味で遊び方をよく知っています。先日も、ビートたけしさんが高級な時計を壊してしまったという話をしたところ、所さんが引き取って修理してしまったそうです。

所さんといえばアメリカの文化に詳しいというイメージがありますが、実は日本の伝統文化にも造詣が深いのです。その幅広さが、人間的な厚みにもつながっている気がします。

先日、テレビを見ていたら、所さんと嵐のメンバーが話をしていて、所さんが「面白いかどうかじゃなくて、面白がれるかどうかなんだよ。面白がれば、何だって面白くなるんだよ」

と言って、体のうしろで指を何本出しているかを当て合うゲームをすぐ始めました。

「面白がれるかどうか」。

これは、可動域を広げるための金言です。

男性はもっと女性から学べ

かつて「書を捨てよ、町へ出よう」と説いたのは、劇作家の寺山修司でした。

ネットをはじめ、新聞やテレビで情報を得るのもいいですが、さまざまな実体験はより脳に刺激を与えてくれます。日常生活や仕事でもそれは得られますが、もっと刺激的な体験といえば旅行でしょう。

知らなかった土地に出かけて見聞を広げることは、それだけでワクワクします。旅をさらにおもしろくするなら、偶然性を求めることです。

ツアーに参加して観光名所をざっと見る旅もいいですが、それだけではもったいない。ニーチェも『ツァラトゥストラ』の中で、「偶然とは創造性の源だから、それを妨げてはいけない」と説いています。そこから世界が一気に広がることもあるというのが、いわゆる「セレンディピティ」の考え方です。

言い換えるなら、可動域を広げる手軽な方法は、自分の身に降りかかる偶然を活かすことです。たまたま見かけて興味を持ち、調べてみたらおもしろかったとか、たまたま入った店で勧められた地元の食材を食べてみたらハマったとか、誰でも少なからず記憶にあると思います。これが「町へ出よう」の意味でしょう。

これは、恋愛についても言えます。私は長く若者たちの恋愛事情を見てきた結果、ある傾向に気づきました。男性は恋愛を通じて相手から学ぶ姿勢が乏しく、逆に女性は大いに学ぼうとするのです。

女性の場合、相手の男性の趣味や得意分野を吸収し、仮に別れてもそれを維持する傾向があります。例えば男性がジャズを好んで聴いていたら、いつの間にか自身もジャズ好きになっていたりします。

むしろ、そういうことを目的として、つき合う男性を次々と変えるという女性もいるようです。その男性から吸収し尽くして、あまり刺激がなくなったら別の男性を探す。つまり恋愛を重ねるたびに、世界をどんどん広げているわけです。

やがてその女性は非常に幅広く趣味や教養を身につけることになります。男性にとってはキツい相手ですが、こういう姿勢自体は少し学んだほうがいいかもしれません。

もともと女性のほうが、文化的な関心は高いと思います。女性から、例えば最近流行のファッションを聞き出したり、旅行やイベントに連れ出してもらったり、人気スポットを一緒に巡ったりする機会があってもいいはずです。

それができないと、男女の教養格差・趣味格差が歳を重ねるごとに開いていく恐れがあります。その挙げ句、無趣味・無教養のおじさんに仕上がってしまいます。そうなる前に、つき合っている女性や奥さんの話を面倒くさがらず、もう少し聞く耳を持ってもいいのではないでしょうか。

第3章

可動域は
挑戦する者に微笑む

「知る」だけでは可動域は広がらない

前章でも述べたとおり、今や欲しいと思う知識・情報はいくらでも得ることができます。それもネットを使えば、労力はほとんどかかりません。

しかし、これほど恵まれた環境にいても、可動域が広がるとはかぎりません。むしろ恵まれているからこそ、自分の殻に閉じこもってしまうおそれがあります。気持ちいいもの、好きなものだけに囲まれて満足していれば、別に可動域を広げようという発想にもならないからです。

結局、知識が増えたとしても自分の考え方や感覚、行動様式が変わらないとすれば、その知識は自分の内面を補強するか、もしくは意に沿わずに頭の中を通り過ぎるだけ。「痛《いた》気持ちいい」というプロセスを通っていないわけです。

逆に言えば、自分の可動域を広げようと思うなら、「痛気持ちいい」という状態を自ら生み出す必要があります。つまり、違和感や面倒くささをくぐり抜けるような「チャレンジ」が欠かせません。またその「チャレンジ」こそ、実は大きな快感をもたらしてくれるのです。

「チャレンジ」を体現しているのが、メジャーリーグで活躍中の大谷翔平選手でしょう。周知のとおり、大谷選手はお金や名声を求めて移籍したわけではありません。年俸はむしろ下がっているし、レギュラーも保証されているわけではありませんでした。

メジャーリーグの契約ルールによって、契約金はきわめて低く抑えられました。あと二～三年待てば、数億ドル単位の大型契約も可能だったと言われています。しかし、それを放棄してでも、より早い段階でのチャレンジを選択したわけです。アメリカのメディアは、この点を大きく報じました。しかも〝二刀流〟のスタイルを貫いたまま。たいへんハードルの高いチャレンジでした。

しかし、大谷選手は、だからこそやりがいがあると感じているようです。自身もインタビューで、「自分の今までの技術では通用しないところがおもしろい」と言い切っていました。こういうメンタルだからこそ、新人王を獲得するほど活躍ができたのでしょう。

シーズン終盤には、右肘の靭帯損傷が発覚して手術が必要になりました。その瞬間は落ち込んだはずですが、ただちに「来シーズンは打者としてやっていく」と切り替えています。「手術をした右肘でどこまで行けるかを試してみたい」とも述べていました。

つまりチャレンジし続けている人間にとって、大きな壁はそれ自体が楽しみの一つになります。可動域を広げるチャンスになるからです。

一流のアスリートほど強敵を求める

大谷選手だけではありません。日々厳しいトレーニングに耐えてきたと自負するアスリートほど、より強い対戦相手を求める傾向があります。

例えば高校野球の甲子園大会でも、強豪校と対戦することになったチームのキャプテンが「楽しみです」と語ることがよくあります。これは強がりではなく、かなりの部分が本音だと思います。

たしかに負けて大会から去る確率は高くなりますが、逆に考えれば甲子園に出なければ強豪校と本気では勝負できません。実力が拮抗する相手と戦うより、どうせなら強豪と戦うチャンスを活かしたいと考えたとしても、不思議ではありません。

箸にも棒にもかからずに負けたとしても、自分たちの実力がわかります。同じ高校生でこうも違うのかと実感できれば、練習のやり方を根本的に見直そうとか、何かのワザを徹底的に磨こうかなどと考えるようになります。まさに「痛気持ちいい」感覚とともに可動域が広がっていきます。

サッカーのワールドカップでも、同じことが言えます。親善試合で強豪国を招いても、緊張感はいま一つです。両チームとも、別に負けても失うものは大きくないため、さほど真剣にはなりません。

しかしワールドカップで手を抜くチームはないでしょう。ガチンコでぶつかり合って、強豪国との圧倒的なレベルの差を思い知らされたりします。それを教訓として、練習の仕方や戦術まで切り替えてレベルアップを目指すというのが、台頭するチームに共通するプロセスだと思います。

つまり、より強敵と当たることで、目指すべきイメージを広げることができるわけです。こういう経験がなければ、中途半端なところで慢心したり、目標を失ったりしかねません。

言い換えるなら、どれだけ明確に「憧れ」を持ち続けられるかということです。世界的な版画家の棟方志功は、若いころに見たゴッホの作品に魅了され、「ゴッホになる」と宣言して郷里の青森から上京します。やがて絵画から版画にシフトしつつ、ひたすらゴッホに憧れ続けることで、ついには棟方流の独自の世界を実現するに至ります。

もともと棟方志功には多分の才能があったのでしょうが、その可動域を広げ、開花させたのがゴッホだったことは間違いありません。

「積み上げ方式」と「飛び石方式」

以上の話からもわかるように、スポーツにしろ芸術にしろ、上達には大きく二つのアプローチが必要だと思います。

まず日々の訓練が不可欠なことは、言うまでもありません。これが「積み上げ方式」です。いわば「積み上げ方式」と「飛び石方式」です。しかしもう一つ、外から強い刺激を受けて目標を再設定したり、訓練の方法を大きく変えてみたりという試行錯誤も欠かせません。これが「飛び石方式」です。

かつて、テニス界にジョン・マッケンローというトップ選手がいました。あるとき、背中を痛めたのですが、痛みが出ないようなサーブの打ち方に改造したところ、以前より威力が増したそうです。彼は痛みが消えた後もそのフォームを継続し、グランドスラム（四大大会）で何度も優勝するまでになりました。

スポーツ選手の場合、こういうことはよくあります。あくまでも「積み上げ方式」が前提ですが、それだけではなかなか飛躍できません。ときどき不可抗力が働いて、「飛び石方式」が生まれることがある。この両者をうまく絡ませることが、上達するコツだと思います。

同じことは、役者についても言えます。例えば善良な市民や良妻賢母の役が多い役者はど、機会があれば殺人犯や悪女を演じてみたいと思うそうです。過去の延長線上ではないところで、新たな役にチャレンジして演技の幅を広げたいということでしょう。これも「飛び石方式」の一種です。

実際、そういう事例はいくつもあります。比較的最近の『怒り』という邦画では、今をときめく妻夫木聡さんと綾野剛さんがホモセクシュアルの役を演じて話題になりました。またその作品にも出演されている広瀬すずさんは、『三度目の殺人』という作品で、父親に性的暴行をされた経験を持つ、虚言癖のある娘という難しい役を演じています。

こういう役を演じることで、私たち観客・視聴者の見る目も変わります。ご本人たちも、それぞれ役者としての芸域が広がったと手応えを感じているのではないでしょうか。

ビジネスパーソンの場合も、プロジェクトで大役を任されたり、異動によって未経験の業務を求められたりすることがあると思います。それも「積み上げ方式」があっての話ですが、「飛び石方式」を試すチャンスでもあるわけです。

あるいはプライベートでも、お金の使い方にはこの二つの方式があると思います。できるだけ出費を抑えるような生活をベースにしつつ、たまには自分の趣味や遊びに思い切って散財してみると、世の中の景色が変わって見えるかもしれません。

例えば何かの高級品を買ってみたり、高級レストランに行ってみたりすると、必然的に真剣に向き合おうとするでしょう。〝元〟を取るためにいろいろ調べたり、世間で言う「高級」のレベルがわかったりすることは、見識を広めるという意味でけっしてムダにはならないと思います。

なぜ本田技研が航空機を開発したのか

企業にとって、常に新たな事業展開を図ることは宿命のようなものでしょう。現状維持のまま生き残れる企業は稀だと思います。つまり、いかに可動域を的確に広げるかが常に問われています。

そこでさまざまな戦略を立てたり、研究開発に資源を投下したりするわけですが、おそらくそれは「積み上げ方式」が基本だと思います。過去のデータをもとに、その上積みを図ったり、軌道修正したりします。

ところが、傍から見ればまったく未知の領域に踏み出したような、「飛び石方式」の展開をする企業もあります。最近でいえば、本田技研（ホンダ）のビジネスジェット機「ホンダジェット」はその典型でしょう。二〇一五年末から世界的に販売を開始し、二〇一七〜一八年の出荷数は軽量小型ジェット機の分野で最大手のセスナ社を抜き、二年連続で世界一位になったそうです。

それにしても、二輪車または四輪車メーカーのイメージが強いホンダが、なぜ飛行機なのか。もちろん、小型ジェット機の分野が二一世紀の成長産業になるという読みもあったのでしょう。同時に、創業者である本田宗一郎の宿願だったことも見逃せないと思います。少年時代の本田が何より憧れたのが、飛行機でした。本田技研を創業後もその夢を持ち続け、四輪車の製造を開始した一九六〇年代前半には、航空機ビジネスへの参入も表明しています。

しかし当時は四輪車に資源を集中させたため、その話は立ち消えになりました。それが一九八〇年代に復活。以後、社内でも紆余曲折を経ながら、ようやく事業化に漕ぎ着けたわけです。

もともと、ホンダはチャレンジングな企業として有名です。創業間もないころから、二輪レースの最高峰である「マン島ＴＴレース」への挑戦を明言し、その七年後には優勝を勝ち取っています。また四輪のＦ１レースには一九六〇年代から参戦し、八〇年代から九〇年代初期にかけては圧倒的な強さを誇りました。本田宗一郎というカリスマが壮大なビジョンを掲げ、社員がそれを信じて奮闘した結果でしょう。

その延長線上に、「ホンダジェット」もある気がします。創業者の志や気概を引き継いだ結果、組織内に「飛び石方式」の精神が埋め込まれ、世間的には無謀と思えるほどに可動域を広げてきたわけです。こういうDNAを持つ組織は、強いはずです。

エイチ・アイ・エスの幅広い事業展開は必然だった

可動域が広い企業といえば、本田技研とは別の意味で目立つのがエイチ・アイ・エスでしょう。もともとは現会長の澤田秀雄さんが開いた、格安航空券とホテルを組み合わせて紹介する旅行代理店でした。高すぎる日本の旅行代金を安くすることができれば、ビジネスになると考えたそうです。

その事業の中で航空会社に問題があると感じると、今度は自らスカイマークエアラインズ（スカイマーク。現在はグループ外）を設立。今日では当たり前に存在している格安航空会社LCCの先駆的存在です。

また、開業以来一八年にわたって赤字だった長崎ハウステンボスを買収すると、わずか半年で黒字化して話題になりました。そこでは、ほとんどの接客や作業をロボットが行う「変なホテル」を開業し、それをきっかけにしてホテル事業も各地で展開しています。

さらにハウステンボスでは、ＡＩや自然エネルギーの関連事業、さらには仮想通貨の実証実験などの金融事業まで行っているそうです。

おかげで今日では、関連会社が二〇〇社近くもあるとのこと。当初の旅行代理店とはまったく違う業態のようにも見えますが、実はすべて芋づる式につながっているらしい。一つの事業を展開する中でノウハウを蓄積し、アイデアが生まれたり、必要に迫られたりして、新たな事業に踏み出す。その繰り返しで今日に至っているのでしょう。これも「飛び石方式」の一種だと思います。

ある道をマスターすれば、他の部分でも応用できる

エイチ・アイ・エスのような展開は、個人でもあり得る話です。ある方面で何かを上達できたとすれば、それは他の方面の上達にも役立ちます。つまり、可動域が縦方向に伸びたとすれば、横展開も可能になるわけです。

若き日の福沢諭吉は、苦学して蘭学とともにオランダ語をマスターしました。ところが横浜に出向いた際、街中で見かけた横文字の看板がまったく読めずにショックを受けます。それらは、いずれも英語だったからです。

もちろん、当時の横浜だけ英語が流行していたわけではありません。これからはオランダ語ではなく英語の時代になることを痛感させられたのです。

同じく苦労して蘭学を学んできた学生たちは、当然ながら絶望したらしい。しかし福沢はそれから英語の勉強を始め、構造的にはオランダ語と共通点があることを発見し、思ったほど苦労することなくマスターできたそうです。

「実際を見れば蘭といい英というも等しく横文にして、その文法も略相同《ほぼ》じければ、蘭書読む力はおのずから英書にも通じて、決して無益でない。水を泳ぐと木に登ると全く別のように考えたのは、一時の迷いであったということを発明しました」

（『福翁自伝』）

つまり福沢は、外国語を読むという普遍的な能力を身につけたわけです。考えてみれば、もっと若いころに読んでいた漢語（漢文）も、ある意味では外国語です。それを修得した経験があるので、対象がオランダ語や英語に変わっても、ノウハウを応用できたのかもしれません。これは複数の言語を学んだ人なら、納得しやすい話ではないでしょうか。

欧米の言語の場合、その大本になっているのはラテン語です。逆に言えば、ラテン語を学んでおくと、他の言語も修得しやすいとされています。実際に学ぶかどうかはともかく、そういう系統がわかっていれば、横展開もしやすいはずです。

語学に限った話ではありません。スポーツの場合はもっと顕著でしょう。あるスポーツを徹底的に練習すると、その上達のプロセスを他のスポーツの練習にも応用できます。例えばスピードスケートの選手が夏場は競輪の選手になったり、古くはプロ野球の投手からプロレスに転じたジャイアント馬場さんや、同じくゴルフに転じたジャンボ尾崎さんのような例もあります。

まったく違う領域に進んでも、肉体的な基礎ができている上に、上達の道筋も知っているわけですから、これはある意味で当然かもしれません。

あるいは芸能界でも、例えばお笑い芸人が役者としてドラマに出たり、ミュージシャンがバラエティ番組に出たり等々、多方面で活躍している人は少なくありません。もともと器用という面もあるでしょうが、元をたどれば、一つの能力やその上達プロセスを応用しているだけ、というケースが多いように思います。

これは、先に述べた「飛び石方式」とも関係します。それまで「積み上げ方式」で結果を出してきたから、それを見ていた誰かが別のステージを用意する。あるいは自ら別のステージでもチャレンジできる気がしてくる。そこから「飛び石方式」に入るわけですが、表向きは大きな飛躍に見えても、実は「昔取った杵柄」だったりするわけです。

ビジネスパーソンの仕事も、これと似たところがあるでしょう。十年一日のごとく同じ業務に携わる人は、あまり多くありません。異動や転勤で部署や担当地域が変わったり、現場の最前線からそれを管理する側に回ったりすることは茶飯事だと思います。あるいは、まったく異業種に転職するケースもよくあります。

では、それまでの経験が無に帰すかと言えば、そんなことはありません。むしろその部分に頼って応用を利かせるのがキャリアというものであり、また周囲もそれを期待しているはずです。

クリエーティブな能力は基礎学力から

そこで重要なのが、基礎固めと学ぶ姿勢です。「飛び石方式」は大きなステップアップにつながりますが、それはあくまでも「積み上げ方式」が充実していればの話です。また「飛び石方式」を常に狙う意欲も欠かせません。

実はこの点は、学校教育でも問題になっています。周知のとおり、二〇二〇年度から「学習指導要領」が大きく書き換えられます。その基本的な方針は、「主体的・対話的で深い学び」の実現です。

このうち「主体的」とは、「研究」のように自ら積極的に取り組むことを指します。一般的に「勉強」というと、やらされるイメージがありますが、それを払拭しようというわけです。

また「対話的」とは、一人で暗記して一人で答案用紙に向かうのではなく、文字どおり周囲の仲間と対話をしながら、チームで何かを発見・解決していこうということです。実際、研究室の研究などはチームで行うのが当たり前でしょう。そういう環境に適応できる人間に育てようという狙いです。

そしてもう一つの「深い学び」とは、表層的にならないよう探究心を持たせようということです。何かを理解したら、それで終わりにするのではなく、さらに深掘りをしていく。たしかに、ここにこそ学ぶ喜びがあるはずです。

こういう方針が打ち出されたのは、これまで逆方向だったという反省があるからです。つまり、強制的に学ばせ、個々人に片っ端から知識を覚えさせ、答案用紙に書かせれば終了という教育で、本当に学力が身についたといえるのか、という疑問です。

この発想自体は、新しいものではありません。今から一〇〇年ほど前、アメリカの哲学者・教育学者のジョン・デューイが、シカゴに「実験学校」を設立しました。そこで行ったのは、各教科ごとにカリキュラムを組んだ教育ではなく、ある大きな問題を設定し、その解決のためにどの教科の勉強が必要かをそれぞれ考えて学ぶという、いわば問題探求型の教育です。

さらに遡れば、この原点は哲学者ルソーが有名な著書『エミール』で提唱した教育論にあります。知識はバラバラに提供するものではなく、子どもの好奇心を前提にして、それを満たすために自ら学ぶものであると説いたのです。

たしかに、こういう教育は理想的に見えます。実際、デューイの「実験学校」は全世界の教育界に影響を及ぼしました。日本も例外ではなく、大正時代に「大正新教育」として導入されています。個人の意欲を尊重して、例えばどんな絵を描いても自由、どんな作文を書いても自由といった教育が行われていました。

一方、旧来型の教育は「詰め込み型」と批判されるのが常ですが、それもまた短絡的な見方だと思います。知識を大量に詰め込むことは、確実に脳を鍛えます。何より、知識はものごとを考える基礎になる。新しい「学習指導要領」が目指すものを「新しい学力」と呼ぶなら、詰め込み型の教育が目指してきたものは「伝統的な学力」であり、否定されるものではありません。

実際、多くの知識を持っている人のほうが、実地に入ったときにクリエーティブになりやすいと言われています。スポーツの世界でも、地道に基礎体力をつくってきた人のほうが、当然ながら運動能力は高くなります。

アーティスティックスイミングで日本代表を世界トップクラスに押し上げた井村雅代ヘッドコーチが一貫して取り組んでいるのも、選手の徹底的な基礎体力づくりです。とにかく体脂肪を落として体力をつけなければ技術は身につかない、ということを持論にされているそうです。

学力も同じです。基礎体力に該当するのが「伝統的な学力」であり、それをクリエーティブな方向に活かそうというのが、「新しい学力」の目指すところなのです。

「自由にやればいい」だけではダメ

日本の教育制度は、ずっと「伝統的な学力」と「新しい学力」の間で揺れてきました。例えば一九九〇年代には、詰め込み教育が行き過ぎたとして、反動的に「生徒の好きなことを伸ばそう」という風潮が生まれ、高校の科目が選択制になりました。その結果、かつて九割を超えていた物理の履修者が、今や二割を切るまでに激減しています。つまり「好きなこと～」という名目で、苦手な科目から逃げるようになったのです。

もっと最近では、二〇〇〇年代の「ゆとり教育」を記憶している人も多いでしょう。授業の中に「総合的な学習の時間」が設定され、生徒の「好きなこと」が尊重されるようになりました。

ではその時間に何が行われたかというと、そば打ちだったり凧作りだったりしました。中には、学校を挙げて牛の世話をするという本格的な実践もありましたが、多くの場合、レクリエーション的な時間になってしまった感があります。

その結果、生徒・学生の学力低下は大きな社会問題にもなりました。私はかつて、「ゆとり教育」を受けてきた大学生にその感想をよく尋ねたのですが、否定的な声が圧倒的でした。「何もしない時間だった」「のんびりしていただけ」というわけです。

自由や自主性は大いにけっこうですが、それは逃避や怠惰と紙一重でもあります。大事なことは、強制的にでも学ばせる必要がある。そんな教訓を踏まえて、「学習指導要領」が改訂されました。あくまでも「伝統的な学力」をベースとした上で、「新しい学力」を志向するという方向です。

問題は、この方針をいかにして実現するのかです。例えば三平方の定理を教えるのであれば、どんな先生でもできます。しかし、クリエーティブな能力を引き出すような授業を設定することは、なかなか難しい。ましてそのテーマで一年間も継続するとなると、どういう中身にすればいいのか、まだ見えていません。この部分は今後、試行錯誤しながら確立していくことになると思います。

さて社会人の場合も、「伝統的な学力」としての「積み上げ方式」と、「新しい学力」としての「飛び石方式」の両方が必要なことはすでに述べたとおり。むしろその両方を組み合わせることで、モチベーションのアップにつながるかもしれません。

作業療法士の菅原洋平さんの著書『脳のトリセツ』（同文舘出版）によれば、自分にやる気を起こさせるコツは、作業の半分を経験済みのこととし、もう半分を未経験のことにするのがいいそうです。そうすれば飽きないし、諦めもしないというわけです。これを「ハーフタスク」と呼んでいます。

たしかに「積み上げ方式」だけの日々では飽きます。「飛び石方式」だけでは地に足がついていない感じがします。両者が適度にミックスされれば、いい刺激になって「チャレンジしてみようか」「クリアできそう」という気になるでしょう。

日々の課題設定で「できること」を増やす

とはいえ日常を忙しく過ごしていると、いちいち「積み上げ方式」だの「飛び石方式」だの考えている暇はないかもしれません。そこで重要なのが、ちょっとした工夫です。

もっとも簡単で効果的なのが、「目標ノート」を作ること。毎日、「今日はこれを課題とする」ということを書き留めていきます。頭で考えるだけではダメ。言語化することによって、意識がはっきりします。

これを実践してすっかり有名になったのが、青山学院大学陸上部の駅伝チームです。ここ数年は箱根駅伝をはじめ大学対抗の駅伝大会で圧倒的な強さを誇っていますが、その要因の一つに「目標管理」があると言われています。

選手はそれぞれ、今週の目標、一カ月後の目標、一年後の目標を紙に書き出します。これはちょうど、「積み上げ方式」と「飛び石方式」に対応するでしょう。

その紙を各自が持つのではなく、食堂に貼り出して全員で共有する。その設定レベルや進捗度合いについて、お互いにアドバイスを送り合って達成に近づけるそうです。たしかにこれなら、個々人のモチベーションも高まるし、結果的に可動域を限界まで広げることにつながるはずです。

私たちも、応用しない手はありません。目標を貼り出せる職場はさすがに少ないでしょうが、とりあえずノートや手帳に書けば十分。まずは、無目的に生きてきた自分に気づけると思います。

同大学にこの制度を導入したのは、有名な原晋監督です。先日もたまたまテレビを見ていたら、原監督が「影響を受けた人」としてスポーツ界の人物ではなく、以前に勤めていた会社の社長さんを紹介されていました。

その社長さんはたいへん熱い方で、営業にしても「自分の型を持て」と部下に指導していたそうです。あるいは、社員の目標管理も徹底していたとのこと。原監督はそれをそのまま陸上部に持ち込んだだけ、と話されていました。

営業のノウハウを陸上の指導に導入すること自体、ある意味で可動域を広げる行為だったと言えるかもしれません。

もし副業をするなら何をするか、考えてみよう

社会人にとって、最近は「飛び石方式」の選択肢の幅を広げやすい環境が整いつつあります。いわゆる「働き方改革」で定時退社が奨励されたり、企業によっては副業が認められたりしているからです。本来の仕事以外の時間をどう使うかで、その後の可動域は大きく変わってくるでしょう。

振り返ってみれば、今から二〇年ほど前にも、「社内ベンチャー」のような言葉が台頭したことがありました。企業が新基軸を模索して、社員による新事業の立ち上げを支援するシステムを整えました。しかし当時は「笛吹けど踊らず」で、まだ火がつくという感じではなかったと思います。

それに対して最近は、ようやく社内ベンチャーや副業を本気で検討する人が増えた印象があります。雇用がいよいよ流動化し、誰でも現状のままで安泰とは言えなくなったこと、それに通信環境が格段に整ったことも影響しているでしょう。

インターネットを使えば、誰でも安価で起業ができます。以前も、学生から「ネットを使って起業したいが、どうすれば投資家に投資してもらえるのか」と質問を受けたことがありま

す。

私は門外漢なので、知り合いのITの専門家に話をつないだところ、「いきなり投資を依頼するのは無理。まずは一人でお金をかけずに始めたほうがいい」とのことでした。その事業に価値があれば、だんだん支持者や利用者が集まってくるはず。その実績を作ってから、事業展開のための投資を求めるのが筋というわけです。言われてみれば、たしかにそのとおりでしょう。

見方を変えれば、それほど起業しやすくなったということです。趣味の延長のような感覚で始めて、軌道に乗りそうなら次の展開を考えればいい。今や子どもの「憧れの職業」の一つであるYouTuberにしても、成功する人はひと握りですが、当初の元手はさほどかからないはずです。

実際に自分で事業を始めるかどうかはともかく、もしやるとすれば何ができるか、考えてみるのもおもしろいと思います。それは仕事のキャリアや趣味の深さを見つめ直すとともに、そこに延長線を引いて「飛び石方式」の可能性を探る機会にもなるはずです。

世の中は「一人遊び」を歓迎している

事業を考えるのが億劫なら、「遊び」の幅を広げてみるのもいいかもしれません。もし「働き方改革」で定時退社になった場合、その後の時間の使い方は人生の充実度を左右します。早々に帰宅してごろごろしているくらいなら、もっと積極的に遊ぶことを考えてもいいと思います。

昨今はいわゆる「おひとりさま」向けのサービスが花盛りです。需要があるから、迎える側も対応するプランを用意しているのでしょう。

典型的なのが「一人カラオケ」です。かつてはグループで、最低でも二人で行くのが当たり前というイメージでしたが、今は一人で行ってもおかしくありません。誰かに気兼ねすることなく、限られた時間を自分一人だけの熱唱に使えるのですから、むしろ楽しみが増えるとも言えます。

かく言う私も、ときどき一人でカラオケに行くことがあります。よく卒業生などとも行くのですが、そうすると私の世代の曲ばかり歌うわけにもいかなくなります。しかし一人なら、心置きなく好きな曲を連続で選べます。それに上手下手も関係ない。この開放感は、日常ではなかなか味わえません。

学生に聞いても、「一人カラオケ」の愛好家はけっこういるようです。歌うだけではなく、何かを音読したり、スピーチの練習をしたりする場としても活用しているらしい。いずれにせよ、「一人だから寂しい」という感覚とは無縁です。

あるいは女性の「一人ラーメン」「一人居酒屋」はまったく珍しくないし、「一人焼き肉」のための席を用意している店も登場しています。興味深いところでは、あのディズニーランドのアトラクションにも、一人客へ優先的に席を提供する「シングルライダー」というサービスがあるそうです。

また昔から「一人旅」は人気がありましたが、最近は「一人スキー」や「一人キャンプ」をする人も多いらしい。誰かと一緒に楽しみたいということではなく、純粋にスキーが好き、キャンプが好きということでしょう。

昨今はスマホがあるので、およそどこでも人とつながることができる。夜にたった一人で大自然のテントの中にいても、あまり寂しさを感じることはないそうです。

いずれにも共通するのは、一人だからといって委縮する必要はないということです。別に誘う相手がいなくても問題なし。「やりたい」と思うことを単独で実行すればいいのです。

社会全体にそれを受け入れる風潮が生まれていることは、もっと認識していいでしょう。その分、私たちの行動半径は確実に広げやすくなったわけです。

そこで問題は、私たち自身が何を「やりたい」と思うか。社会の敷居はずいぶん下がってきているので、それを利用しない手はありません。その行動の一つひとつが、可動域を広げることにつながると思います。

余談ながら、こんな時代の風潮に呼応するように、休刊していた情報誌『ぴあ』がスマホアプリとして復活しました。かなりの人気アプリですが、ダウンロードしている人の半数は四〇～五〇歳代なのだそうです。

たしかに『ぴあ』といえば、私が学生のころの大定番情報誌でした。これが中高年層の間で人気ということは、懐かしさもありますが、やはり時間の使い方をいろいろ考えているのでしょう。

例えば『ボヘミアン・ラプソディ』や『カメラを止めるな！』のような大ヒット映画をチェックして、とりあえず見に行くというのも一つの手です。あるいは、連日のようにどこかでさまざまなイベントが開かれているので、それを調べて参加するのもおもしろいと思います。

当たりハズレはいろいろあるでしょうが、スケジュール帳を埋め尽くしてみると、時代の空気感のようなものがわかります。時間を持て余すくらいなら、フットワークを軽くするよう心がけてみてはいかがでしょう。

本日の午後、緊急で三〇分の時間を作れますか

フットワークといえば、本来ならもっと軽くできるのに、思い込みで重くなっている人がきわめて多い気がします。

例えば若い人から、「つき合っている相手がいるのに、お互いに仕事が忙しくてなかなか会えない」という話をよく聞きます。中には「もう二週間も会っていない」と嘆く人もいます。

しかし、どれほど忙しくても、二週間もまったく会えないほどの仕事は基本的にないと私は思っています。問題は仕事ではなく、時間に対するある種の思い込みにあるのではないでしょうか。

彼らに詳しく話を聞いてみると、相手と会う日時を決めるとき、プライベートな時間が最低三時間以上空いているときを選んでいるようです。どうせ会うなら、それぐらいの時間を

一緒に過ごせないと意味がない、ということなのでしょう。

その気持ちもわからなくはありませんが、そういう〝マイルール〟を設定しているから、会える機会が滅多に訪れないのです。仮にこのルールを「三〇分だけ会えればいい」と変更すれば、もしかしたら毎日でも会えるのではないでしょうか。

職場が近ければランチの時間を合わせるとか、帰りがけにちょっとだけ会って話すとか、いくらでも工夫できるはず。時間の可動域が広がって、行動の選択肢が格段に広くなります。

これはプライベートに限った話ではありません。仕事上の打ち合わせ等なら、せいぜい二〇～三〇分で済むケースがもっと多いと思います。あるいは確認だけなら、五分で終わることもあります。ところが、予定を組む段階で一～二時間を確保してしまうから、会える人数がかぎられてしまいます。

最初から二〇～三〇分と予定しておけば、会える人の数は格段に増えます。もちろん打ち合わせの内容によって、一時間程度確保したほうがいい場合もあるでしょうが、逆に「会って確認して握手すれば終わり」「立ち話程度でＯＫ」「電話やメールで済ませられる」という場合も多いと思います。そこを柔軟に構えれば、時間をもっと有効に利用できます。

実際、組織の中で重責を担い、忙しい人同士のほうが、案外会う時間が簡単に決まったりします。経営者や有識者が一〇人ほど私的に集まる会などでも、たちどころに予定が決まって全員出席できたりするのです。

圧倒的に暇なはずの学生の飲み会のほうが、日程がなかなか決まらなかったり、当日の集まりが悪かったりします。時間があり過ぎるため、いつでも飲めると安心して、ついルーズになってしまうのでしょう。それに、忙しそうに装いたいという〝見栄〟もあるようです。いずれにせよ経営者等に比べ、「この日しかない」という切迫感が足りません。

彼らも社会人になればわかると思いますが、予定の設定を即断即決できたほうが相手に感謝されるし、「できる人」と見なされます。それだけ時間のマネジメントができていることになるからです。経験が豊富で、仕事に対して権限を持っている証拠とも言えるでしょう。

言い換えるなら、それだけ「身軽」ということです。「身軽さ」は社会人にとって重要な要素だと思います。何か予定を入れる際、いちいち一カ月後などとなっていたら、仕事のスピード感が出ません。必要なら今日の午後に三〇分だけ会うとか、明日朝の三〇分の予定を一五分に短縮して時間を作るとか、臨機応変に対応できたほうがいいでしょう。それによって仕事は早く進むし、不測の事態に対するリスク管理にもなる。人に会う頻度が多くなれば、人間関係も広く深くなるはずです。

わずかな休日で海外に行ける人、行けない人

「身軽」になるべきとは、旅行や移動についても言えます。

例えばミステリー小説で、犯人が短時間にとんでもない距離を移動して犯行を重ねる、という設定がしばしば登場します。いかにもフィクションと思われがちですが、現実にも案外可能というのが私の感覚です。

というのも、私は講演等で全国各地を訪れるので、短時間でかなり長距離を移動できるという実感を持っているからです。例えばスケジュールがタイトになってくると、東北と九州でそれぞれ講演を行って東京に戻る、といったことがあります。飛行機の時間さえ抑えておけば、十分可能です。

こういうことが重なると、時間感覚も変わってきます。一日のうちにもっと各所へ移動したり、出発前や帰京後にもいろいろ予定を詰め込んだりできるのでは、という気になってきます。それだけ、文字どおり行動半径が広くなるわけです。

これは慣れの問題でもありますが、あまり出張などの機会がない場合、例えば東京と大阪を往復するだけでも「一日仕事」のようなイメージを持つかもしれません。そうすると、そ

の日は他の予定をいっさい入れないでしょう。たしかに身体的にはそのほうが楽ですが、実は時間を持て余すことになります。これはもったいないと思います。

こういう時間感覚は、プライベートの時間の使い方にも影響します。例えば海外旅行に慣れている人の場合、ほんの数日の休みでもふらっとアメリカやヨーロッパへ出かけたりします。私の知人は、パスポートとサイフ以外何も持たずに移動しています。アジアやハワイとなると、ほとんど国内のような感覚で往復したりしている。「身軽さ」が身についているわけです。その結果、より多くの経験を積み上げることができて、充実感が増すことは間違いありません。

特に中高年層になると、この差は歴然と開いてきます。休日に各所を飛び回れる人と、自宅でぐったりしている人とでは、どちらが輝いて見えるでしょうか。前者を目指すなら、若いうちからどんどん動いて、短時間でもいろいろできるのだという感覚を摑んだほうがいいと思います。

「可処分時間」を増やせ

少し前、日本経済新聞で面白い記事を見かけました。北欧の国エストニアでは、政府が行政の電子化を推し進め、国民による公的手続きの九九%はオンラインで済むようになりました。その結果、国民一人当たりで年間平均二週間分もの時間の余裕が生まれたそうです。

また同記事によれば、ITの発達によって、先進国の一人当たりの労働時間は半世紀前より一一%も短縮されたらしい。それだけ「可処分時間」が増えたということです（二〇一九年二月二八日付）。

たしかに、私たちもこういう実感はあるでしょう。メールやネットの普及により、コミュニケーションや情報授受はずいぶん簡略化できるようになりました。あるいはネット上で何でも買えるし、電子マネーを使えば交通機関やお店で小銭をやりとりする必要もありません。

それによって労働時間まで減っているかどうかは微妙ですが、仕事を含めて生活全般の生産性が上がったことは間違いないでしょう。言い換えるなら、ITによってそれまでの多くのムダを排除できるようになりました。

この延長線上で考えるなら、私たちの仕事や生活には、まだムダが潜んでいるかもしれません。ITを使うかどうかは別として、日常の時間の使い方を「棚卸し」してみてはいかがでしょうか。

おそらく真っ先に遡上に載せるべきは、「会議」です。定期的に設定されている会議も多いですが、本当に必要なのか。私の経験から言っても、一斉メールや当事者だけの立ち話程度で済むことはかなりあると思います。

あるいはスマホは効率化のツールにもなりますが、時間泥棒にもなりかねません。いつまでも仲間内でＬＩＮＥのやりとりをしていたり、YouTube ばかり見続けたりしているようでは、時間はいくらあっても足りないでしょう。

こうして「可処分時間」を増やすことができれば、その有効利用を考えることができます。それこそなかなか会えない人に会いに行ったり、細切れ時間に雑用を済ませて旅行のためのまとまった休暇を取ったりすることが可能かもしれません。つまり、可動域を広げるチャンスが生まれてきます。

時間は自動的に減っていくもので、その流れには誰も逆らえません。しかし、工夫をして時間を生み出すという感覚も、きわめて重要だと思います。

第4章

「偶然の出会い」が脳を刺激する

良寛が多くの人に愛された理由

江戸時代後期の僧・良寛は、七四歳まで生きました。当時としてはかなりの長寿で、「人生一〇〇年時代」の先駆者とも言えるでしょう。

ただ、今日までその名が広く知られているのは、単に長寿だったからではありません。生涯を通じて寺を持たず、若いころは各地を行脚し、後年は郷里の越後に戻って草庵で暮らします。けっして偉ぶることなく多くの人と交わり、常に朗らかだったと言われています。

とりわけ有名なのは、その後年に近所の子どもたちと一緒に遊んでいたことでしょう。「子供らと手毬《てまり》つきつつこの里に遊ぶ春日《はるひ》は暮れずともよし」という歌を残したほどでした。

また、子どもたちが揚げようとしている凧に、「天上大風」と味わいのある字で記したことも有名です。天上に大風が吹いて凧が高く揚がるように、という思いが込められています。

子どもにとって遊びとは、可動域を広げる練習でもあります。義務としてやることではなく、身体を動かしながら心から楽しむものです。それに、もっとおもしろくするにはどうすればいいかも常に考えている。つまり身体と心と脳を同時に鍛えているわけです。

そんな子どもたちと一緒に遊んでいると、大の大人も気分が軽やかになります。良寛は、それによって柔軟な心を持ち続けたのでしょう。

また良寛といえば、晩年に四〇歳年下の弟子・貞心尼と恋愛関係にあったことでも知られています。ほんの数年でしたが、お互いに得意な歌で心情を伝え合うなど、相思相愛の関係は良寛が亡くなるまで続きました。

子どもと遊び、若い女性と親しく接したことによって、良寛は高齢になっても心を柔らかいまま保つことができたのだと思います。またそれが、長く日本人に愛されてきた理由でしょう。

私たちも良寛を大いに見習うべきだと思います。概して高齢になるほど人間関係は狭くなり、それに伴って心も硬くなりがちです。ならば、その逆を考えればいい。子どもと遊んだり、若い異性とつき合ったりできるかどうかはともかく、社会から孤立しないこと、つまりはある程度の人間関係を保つこと、できれば関係を広げていくことが大事だと思います。

常に好奇心を持って世界を広げていけば、必然的に人間関係も広がるでしょう。そして、人と知り合うことによってさらに好奇心が刺激され、世界が広がるということも大いにあり得ます。そういう可動域の広げ方もあるということを、覚えておいてください。

『大家さんとぼく』の出会いは、お互いの可動域を広げた

気心の知れた同世代の仲間内で雑談するのは楽しいことですが、可動域が大きく広がることはないでしょう。刺激的な相手もほしい。もっとも簡単なのは、世代のまったく違う相手と話すことです。

世代が違えば、見てきた時代も、世界観も違うはずです。そのズレが面倒でもあるし、また刺激的でもある。そのことをあらためて気づかせてくれたのが、ベストセラーになった矢部太郎さんのエッセイ漫画『大家さんと僕』（新潮社）です。

矢部さんは当初、上品で高齢な「大家さん」とたまたま出会ったことで、ずいぶん戸惑ったようです。しかし距離感が近く、戦前の話などを聞いているうちに、それを漫画に仕立てることを思い立つ。これだけでも、可動域が急速に広がりました。

しかも、そのエピソードの一つひとつが笑えたり泣けたりします。例えば矢部さんが「大家さんにとっては二度目の東京オリンピック、楽しみですね」と話を向けると、「それまで生きてないから興味ないわ」と返されて気まずくなるとか、センサーで自動的に電気がつくことを知らない大家さんが、矢部さんに「いつもありがとうございます」とお礼を言うとか。

一般的にエッセイ漫画というのは、なかなかおもしろくならないそうです。しかしこの作品は別です。恋愛でも親子の情でも友情でもない、世代が大きく違う二人による独特の心の交流に、誰もが共感したり、暖かい気持ちになったり、ある種の羨ましさを感じたりしたのではないでしょうか。

そういう世界観が生まれたのは、偶然とはいえ二人の間に濃密なコミュニケーションがあったからです。また大家さんにとっても、店子として矢部さんを迎えたことで、大いに刺激を受けたことと思います。

職場でも地域でも、自分よりずっと上の世代や下の世代の人と交流があるなら、それを大事にしたほうがいいでしょう。特に高齢者の輪の中に若い人が入ると、概して歓迎されるものです。若い感覚が交じることによって、その輪が活性化するからです。

私の授業に出ている学生も、介護体験プログラムで高齢者と接したところ、大変好かれて、「とても楽しい体験でした」と言っていました。相互に刺激があったのです。

話が嚙み合わなくて苦労もするでしょうが、そこから自分なりの〝エピソード〟を生み出すことができれば、世界観も可動域も広がると思います。

外国人と接すれば、心の感性が一気に広がる

仕事でもプライベートでも、最初は苦手と思っていても、話してみたらいい人だったということがよくあります。つき合いの範囲を広げるためにも、第一印象だけで自分から窓を閉ざすようなことはしないほうがいいと思います。

私も以前通っていたジムで、無口で無愛想な人と何度か顔を合わせ、「近寄りにくいな」と思っていました。しかし、サウナでたまたま一緒になったときに先方から声をかけられ、話してみると実に温厚な方でした。人は見た目だけで判断してはいけないと、あらためて自省しました。

むしろ刺激を受けるという意味では、見た目どころか言葉も違う外国人と積極的に接したほうがいいかもしれません。

前にも紹介しましたが、『世界くらべてみたら』（TBS系）というテレビ番組があります。ひな壇に何十人もの外国人が並び、テーマに沿って取材したVTRを見ながらコメントするというのがパターンです。

その一人ひとりが、日本のお笑い芸人と同じぐらいパワフルで個性的なのです。実は私も

ゲストとして出演したことがあるのですが、生でその姿に接し、ますますそう認識するようになりました。

どこの国の人でも、とにかく自分をグイグイと押し出してくる。急に自分の家族の話や自慢話を始めたりする。反論されようが笑われようが気にしない。その様子を見ていると、もしかしたら日本人は世界で一番おとなしい民族なのではないかという気もします。私は『日本人はなぜ世界一押しが弱いのか』という本さえ出したことがあります。譲ってしまい、自分を押し出さない傾向が顕著なのです。

その謙譲の精神こそ美しいという見方もできますが、グローバル時代において、それだけでは世界に通用しません。もう少し、彼らを見習う姿勢があってもいいでしょう。

今の日本には、多数の外国人がいます。またお金と時間さえあれば簡単に海外にも行けます。文化や風習の違いもさることながら、自己表現の仕方の違いも実感すると、自分ももう少し主張しなければダメだという気になれるはずです。

また日本国内にいると、どうしても海外の情報に疎くなりがちです。各メディアも、大事件でもないかぎり、あまり詳細に報じることはないようです。そうすると、必然的に見方が偏ってしまいます。

例えばイスラムというと、テロやＩＳを連想する人が多いかもしれません。しかし、イスラム教自体はけっして好戦的でも排他的でもありません。その信徒数は増加の一途で、やがてキリスト教を上回ると言われています。

もしイスラム教徒から話を聞く機会があれば、認識を新たにできるでしょう。閉ざしていた窓を開くような経験であり、知の可動域が広がるに違いありません。


「師匠」との出会いで人生が大きく変わることも

「師匠」「先生」と呼べる人に出会うことによって、人生が大きく変わることもあります。

私の知り合いに、「生きることに疲れた」と語る女性がいました。いろいろ辛いことを経験し、そこに親の介護も重なり、気がつけば六〇歳を超えてしまったという方です。「あとは自分の始末をして死ぬだけ」とも仰っていました。

ところがあるとき、彼女は茶道の先生に出会います。その先生はたいへん由緒正しい方で、作法はもちろん、利休にまつわる茶器などの実物に触れさせてくれたり、歴史について詳しく説明してくれたそうです。

そうしているうちに、女性はすっかりお茶の世界に魅了され、世界が一気に広がって見えたそうです。「生きがいが見つかった」と喜んでいました。

一人の先生に出会い、一つの文化に触れることで、世界が変わることもあります。日々の生活に息苦しさや行き詰まりを感じたら、新しい世界を開いてくれるような先生を探してみるのも一つの手だと思います。

幸い、世間には無数の「教室」があります。どんな分野でも、門を叩いてみることは容易でしょう。教室選びの条件は、言うまでもなく先生の人柄です。

どんなにおもしろそうな分野でも、先生が横柄だったり高圧的だったりしたら、教わろうという気にならないでしょう。その分野に対する当初の好奇心まで消えてしまいかねません。

選ぶ先生はかならずしも職業としての先生である必要はありません。例えば近所に住む人でも職場の先輩でも、素人でありながら、何かの分野に長けた人はいるものです。またそういう人にかぎって「教え魔」だったりします。人柄がある程度わかっているなら、まずはそういう人に頼んで教えてもらってもいいでしょう。

吉田松陰は、野山獄という牢に入れられている時、囚人たちがそれぞれ得意なことで先生になり、教え合う場を作りました。あらゆる場が学びの空間になるのです。

「情熱」に溢れた先生を探そう

そしてもう一点、選ぶべき先生に欠かせないのは「情熱」です。

学校の先生についても言えることですが、先生の非常に大きな役割は、生徒のモチベーションを上げることです。それにはまず、先生自身が情熱に溢れている状態でなければなりません。「英語っておもしろい」「数学ってすごい」とワクワク感を伝えることで、初めて生徒は積極的に勉強しようという気になります。

ところが現実には、担当科目への情熱を失っている先生が少なからずいます。職業としての先生は、それでも務まります。ある程度の知識や技術があれば、それを生徒に教えることは難しくありません。

しかし、それでは生徒はワクワクできません。その教科を退屈で苦手なものと感じてしまう。先の「人柄」の場合と同様、好奇心の芽を摘んでしまうだけです。受験のためにがんばる生徒もいるでしょうが、それは〝耐久レース〟でしかありません。だから受験が終わったとたん、すべて忘れてしまいます。

ついでに言えば、本来なら感動に満ちているはずの教科書も、つまらなそうに書いてあることがほとんどです。さながら冷凍食品のようなものです。だから、先生はそれを解凍してあげる必要がある。「実はこんなにおいしいんだよ」と教えるのが、先生の役割なのです。

例えば以前、数学者の秋山仁さんと対談させていただいた際、「どんな三角形でも、内角の和が常に一八〇度というのがそもそもすごい発見ですよ」と仰っていました。数学はこうした発見の積み重ねなので、本来なら算数・数学の授業のたびに「すごい！」という叫び声が教室から聞こえてきてもいいはずというのです。

まず先生自身が本当に「すごい！」と思い、それを生徒に「伝えたい」という意欲に満ちていること。つまり先生が率先してワクワクしていなければダメです。

学校の先生に限りません。プロであれ、アマチュアであれ、これは人にものを教える立場の人に共通して求められることです。まして社会人が先生を探す場合、選択肢は学校より格段に広いはずです。「情熱」をどれだけ持っているかを、先生選びの重要な条件にしたほうがいいと思います。

「情熱」は人から人へ伝染する

情熱さえあれば、教える技術は二の次でもいいかもしれません。

ドイツの哲学者ヘーゲルは、「欲望は模倣するもの」との説を唱えました。それを踏まえ、フランスの人類学者ルネ・ジラールは著書『欲望の現象学』（古田幸男訳、法政大学出版局）の中で、「欲望の三角形理論」というものを提起しています。要するに恋愛における三角関係のようなもので、AさんがBさんを「好き」と言うと、CさんもつられてBさんを好きになりやすい。つまり、欲望は伝染しやすいのです。この心理は、誰でも経験的に理解できると思います。

この「欲望」は、「情熱」に置き換えることもできます。つまり誰かが情熱を燃やしている姿を目の当たりにすると、自分もついその対象に興味を持つようになる。これが「学び」の本質で、だからこそ先生は情熱的でなければなりません。

と言っても、すべての先生が松岡修造さんのような情熱的なスタイルを見習わなければならない、ということではありません。情熱の込め方は人それぞれで、教え方も千差万別でいい。ただし熱量だけは高く保つ必要があります。

それなりに経験を積んだ大人なら、その先生が本当に情熱を持っているか、それともポーズだけかはすぐに見分けられると思います。真に情熱のある先生に出会うことができれば、自然にその情熱を模倣したくなるはずです。

情熱の系譜のようなものはビジネスの世界にも存在します。有名なところでは、「俺のイタリアン」などのレストラン経営で知られる俺の株式会社会長の坂本孝さんが典型例です。

周知のとおり、坂本さんは「ブックオフ」を創業しました。会社の不祥事によって退任した後、ハワイで悠々自適の生活を送ろうと考えたこともあったそうです。しかしその矢先、師と仰ぐ京セラ創業者の稲盛和夫さんが、日本航空を再建すべく七八歳で会長に就任しました。その姿勢に刺激を受け、稲盛さんより八歳も若い自分にもできることがあるはずと、再び事業をゼロから立ち上げたそうです。

今はその坂本さんを師と仰ぐ経営者も多数いることでしょう。優れた経営者の情熱は、こうして受け継がれていくのだと思います。

一流の人ほどオファーを断らない

プロ野球界の名将と称された三原脩監督は、「人生とは他動的である」という言葉を残しています。人生は主体的に歩めるものというより、いろいろな人から働きかけを受けることによって作られるもの、という意味です。日常の仕事を考えてみれば、これは大いに納得できる言葉でしょう。

他者からのオファーの中には、これまで経験のなかった仕事が含まれているかもしれません。だからといって拒否すれば、せっかくのチャレンジの機会を逃すことになります。つまり、自分の可動域はまったく広がりません。基本的には、できるかぎり受けたほうがいいと思います。

私も『全力！脱力タイムズ』（フジテレビ系）というバラエティ番組で、とんでもないオファーをいつももらっています。コメンテーター役なのですが、全編にわたってふざけたことしか言わない役目です。報道番組で真面目なコメンテーターとしても出演している身としていかがなものか、と一瞬の躊躇はありましたが、せっかくなので受けることにしました。

するとディレクターからの要求は、私の想像を軽く超えていました。本番の一五分前に台本を見せられ、「芦田愛菜のものまねをしてほしい」「トレンディエンジェルのネタをやってほしい」「ルパン三世になり切ってほしい」といった具合です。

もちろん、いずれも過去の人生において一度もやったことはありません。うまくできるともまったく思えない。それをいきなり全国放送でやってくれ、というわけです。「無理です」と断ることもできましたが、私は快諾しました。

すでに台本は出来上がっていて、私の下手なものまね等を前提として進行することになっていました。ここで私がゴネても、ろくなことにはなりません。まさに「他動力」に身を任せ、素直に来た球を打ち返してやろうと思いました。

あるとき、そのディレクターから「齋藤先生は本当に断りませんね」と褒められたことがあります。氏が言うには、「世間的に一流と言われている人ほど、無茶なオファーを断らない」とのこと。

私自身については最大限のお世辞だと思いますが、一般論としてたしかにそうだろうなという気もします。自分の可能性を試すために「他動力」を大事にしているからこそ、「一流」になり得たのだと思います。

余談ながら、私はこの番組に出て以来、大学内で学生に「『脱力タイムズ』で見ました」と声をかけられるようになりました。テレビ番組には以前からしばしば出演していたのですが、こういう反応は初めてでした。それをきっかけにコミュニケーションの幅が広がったという意味でも、「他動力」を信じてよかったと思っています。

チャンスの女神は前髪しかない

数年前、ＴＢＳ系の早朝の報道番組『あさチャン！』のＭＣとしてオファーをいただいたときも、当初はお断りするつもりでした。もともと朝が苦手なので、午前四時すぎにスタジオに入るなど絶対に無理だと思ったからです。

しかし考えてみれば、毎朝二時間半の生放送番組の司会など、こちらからお願いしても就ける仕事ではありません。それがどういうわけか、無数の候補者がいたはずなのに、先方から私に白羽の矢を立てていただいた。こんなチャンスはもう二度とないだろうと思い直し、受けることにしました。

この仕事を通じて、私はテレビ番組の空気感というものを身体に染み込ませることができました。多くのスタッフの方々がどういう思いで番組作りに携わっているのか、どういう見せ方のノウハウがあるのか、経験しなければ絶対に知り得なかった世界でした。

それ以降も、私は『脱力タイムズ』も含めて数多くのテレビ番組に出演してきましたが、当時の経験があるから要領も段取りもわかります。私の可動域を一気に広げてくれたことは間違いありません。

テレビ業界自体は特殊な世界かもしれませんが、似たようなことはすべての社会人に起こり得ると思います。思いがけないところから、思いがけない依頼や誘いが来ることは、案外多いのではないでしょうか。

例えば社内で予想外のミッションを与えられることもあるし、社外のパーティで会った人からイベントに誘われたり、相談を受けたりすることもあるでしょう。

まして昨今は、フリーランスで働く人が増えています。あるいは組織に所属していても、仕事のやりとりは個人的なつながりで行われるものです。各方面から名指しでオファーが来るか否かは、社会人として死活問題になりつつあると思います。

では、より多くのオファーが来るようになるにはどうすればいいか。もっとも単純な答えは、とりあえず来たオファーを断らないことでしょう。そこで結果を出せば、かならず次につながります。特に若いうちなら、多少条件が悪くても、〝顔つなぎ〟のつもりで受けたほうがいいかもしれません。

レオナルド・ダ・ヴィンチが手記に書き残したとされる有名な言葉に、「チャンスの女神は前髪しかない」があります。チャンスの女神は後頭部が禿げていて、通り過ぎた後では捕まえられない。だからその前に、前髪を摑めということです。可動域の権化のようなダ・ヴィンチの言葉だけに、信じて損はありません。

人と会って「刺激」を持ち帰ろう

同窓会など、しばらく会っていなかった仲間に会う機会もあると思います。かならずしも気心の知れた間柄だけで集まるわけではないし、場合によってはソリが合わなかった人と顔を合わせることにもなるので、億劫に感じることもあるでしょう。

しかし人間関係を狭めないためには、できるかぎり参加したほうがいい。こういうとき、私が自分に言い聞かせるのは、「刺激を一つ、持ち帰ればよし」です。

参加して楽しいか、つまらないかで判断すると、マイナスポイントが一つあるだけで不参加に傾いてしまいかねません。そうではなく、誰かから面白い話を一つでも聞ければＯＫと判断基準を変えてみます。

その前提で行く以上、とにかく聞く耳を持って話を受け入れようという心構えが大事です。そうすると、誰かが面白い〝コンテンツ〟を披露してくれるものです。

例えば先日も、久しぶりに会った学生時代の友人から、きわめて刺激的な話を聞きました。彼は錦織選手のファンで、テレビの錦織選手の動きに合わせて自分もラケットを振るのだそうです。一試合、全打球を、です。サーブならサーブで、フォアハンドならフォアハンドで、といった具合です。ただしテニスラケットでは体力が追いつかないので、バドミントンラケットで最近は代用しているらしい。

そうすると、まずいい運動になることは間違いありません。それに、錦織選手の打つ強いボールを自分が打ったように錯覚できるので、きわめて気分がいいそうです。もう一つ、これを長く続けていると、錦織選手の調子の良し悪しまでわかるようになるとのことでした。

ちなみにこの友人は、けっして暇を持て余しているわけではありません。誰でも知っている大企業のトップです。その彼がこういう〝プレー〟を続けているということに、私は大きな刺激を受けました。

以来、私も彼を見習い、錦織選手の試合を観戦するときはラケットを持つようにしています。飲み会に参加して彼に話を聞いたおかげで、私の自宅リビングにおける可動域は確実に広がりました。

出会いの〝ハードル〟を下げよう

仕事上やしがらみ上、あまり知り合いのいない立食パーティなどに参加せざるを得ない場合もあると思います。正直なところちょっと面倒で、壁際にずっと一人でへばり付くか、仲間うちで話してばかりのことが多いのではないでしょうか。

しかしこれでは、参加する意味はありません。こういう場合もやはり、ハードルを下げたミッションを自分に課してみてはいかがでしょう。「最低一人と知り合えれば、それでよし」というミッションです。あるいは、顔は知っていても話したことはない人と話す、という課題でもいいと思います。

これなら、どっと疲れるようなパーティだったとしても、「まあいいか」と思える可能性が高まります。ストレスもずいぶん軽減されるはずです。

私はこのことを、もう二五年ほど前に明治大学に着任して間もないころ、先輩の先生に教わりました。明治大学には、文学部だけでも一〇〇人ほどの先生がいます。その親睦を図る目的でパーティ等が頻繁に開かれていたのですが、当初は知り合いがほとんどいないので、かなりストレスを感じていました。

それを見かねた先輩が、「みんなと知り合おうとするから疲れるんですよ」とアドバイスをくれました。一回で一人ずつ顔見知りを増やすぐらいの感覚でいい、というわけです。私はそれを聞いて、ずいぶん気が楽になった覚えがあります。実際、これを実践したところ、学内の知り合いを着実に増やせるようになりました。

同窓会にしろ立食パーティにしろ、人と会うことが面倒くさいと感じることもあるでしょう。それは自分をよく見せたいとか、話題がなくなって気まずく沈黙するのが嫌だとか、気疲れする部分が大きいと思います。

しかし、別によく見られなくてもいい、気まずくなるのもパーティのうちと覚悟を決めるぐらいで、ちょうどいいのかもしれません。砂の中から一粒の砂金を見つけるつもりで、刺激を求めればいいでしょう。

一般に、幅広い人脈を持つことは社会人にとって大きなステータスでしょう。しかし、いくら名刺の束を持っていても、顔をまったく思い出せないようでは意味がありません。もう二度と会いそうにないとしても、その場でお互いに刺激を与え合うことができれば、その時間には意味があったと考えていいと思います。

ただし、そこで欠かせないのは「雑談力」です。相手にもよりますが、「景気はどうですか？」というような、フワッとした質問から入るのが常套手段です。そこから、お互いの仕事の話や業界の話題などを披露し合えば、ある程度のコミュニケーションは成り立ちます。よく知らない業界の話であれば、それだけでもずいぶん刺激的に聞こえるはずです。

私の経験上、こうした何気ない雑談をきっかけにして、仕事の話が立ち上がることもよくあります。ざっくばらんに話すからこそ、お互いに求めているものが合致して、「ちょっと真剣に考えてみますか」となりやすい。つまり雑談も、可動域を広げる大事な要素になり得ます。

「読書会」でコミュニケーションの機会を増やす

人間関係において、大きなネックになるのが劣等感です。劣等感があると人に会うのが億劫になり、ますます関係を狭めて劣等感を肥大化させるという悪循環に陥りやすくなります。それを露骨に表現したのが、『漫画ルポ　中年童貞』（中村淳彦・桜壱バーゲン著、リイド社）です。中村さんの著書『ルポ　中年童貞』（幻冬舎新書）を漫画化したものですが、インパクトに満ちています。

もともと女性にあまり相手にされなかった男性が、二次元の世界にハマったり、アイドルオタクになったりしてますます現実の女性から遠ざかり、社会的に不自由な状態に置かれたりする。その結果、童貞のまま中年になってしまいます。そんな男性たちの現実の姿を、オムニバス形式で追いかけているのが同書です。

例えば、勇気を振り絞って最近流行の婚活パーティに出かけます。ところが、女性からの査定がきわめて厳しく、まったく相手にされません。これは男女ともに言えることですが、たいてい上位二割の参加者に人気が集中し、それ以外の人は何度参加してもそのたびに弾かれるそうです。

それでも、ふつうの男性なら、まだふつうの女性と結ばれるチャンスが若干はあるらしい。ところが「中年童貞」には、その可能性すらほとんどありません。そんな経験を繰り返していると、どんどん自信を失い、傷ついて女性恐怖症を悪化させるだけになります。

ただしこの漫画は、絶望だけで終わるわけではありません。中には、その状況から脱した例も描かれています。きっかけとなったのは「読書会」でした。

婚活パーティは男女が向き合うものですが、「読書会」の対象はあくまでも本です。本の感想などを語り合う場なので、女性ともふつうに話ができます。また会話を通じて、自分の内面を表に出したり、他者の考え方がわかったりもします。読書会への参加を繰り返し、合計一〇〇人ほどの女性と話をしているうちに、ふつうにコミュニケーションを取れるようになったそうです。

たしかに読書会は、不特定多数とのコミュニケーションの場として有効かもしれません。何らかのコンプレックスを抱えている人、他人が怖いと感じている人でも、本を介して話すことなら、比較的ハードルは低いでしょう。

それによって新しい本や人と出会えれば、世の中の見方も変わってくるはずです。

チームが人を変える

ここまで述べてきたように、特定の人に出会うことによって可動域が大きく広がることはよくあります。同様に、ある組織に所属することによってガラリと変わることも少なくありません。

それを如実に見せてくれるのが、スポーツの世界です。例えば最近のサッカーのJリーグにおける川崎フロンターレの躍進には、目覚ましいものがあります。二〇一七年度・二〇一八年度のJ1連続優勝もさることながら、大久保嘉人選手や家長昭博選手など、ピークを過ぎたと思われていた選手が加入して、さらに輝きを増しているところがすばらしい。チーム自体が、選手の可動域を広げる体質を持っているのでしょう。

特に家長選手の場合、ガンバ大阪にいた時代から「天才」と呼ばれていましたが、それほど走り回るタイプではありませんでした。ところが川崎フロンターレに加入すると、チームのために献身的に走り回る選手に変貌しました。

おそらくその背景にあるのは、チームリーダーの中村憲剛選手の影響です。以前、ある試合のゲスト解説者として中村選手が登場したことがあったのですが、その洞察力や表現力の豊かさに驚かされました。一つひとつの何気ないプレーも、選手の立場ではどう見えて、どう対処しているのか、細かく解説してくれました。

こういう選手が近くにいると、同じフィールドにいる選手たちはたくさんのことを学べるはずです。家長選手も、その一人なのでしょう。

あるいはその中村選手も、長く同チームの監督を務めた風間八宏さんから学んだことが多かったと思います。戦術面では、英プレミアリーグのリバプールを思わせるような、速いプレスと攻撃を志向しているように見えます。その完成度は、スペインリーグのＦＣバルセロナ化を目指しているヴィッセル神戸を上回っている感があります。

つまりチームのメンバーが刺激し合い、個々人の可動域が広がったために、活性化して常勝軍団に成長したのでしょう。

さて私たちの場合、個人の力で所属する組織の可動域を広げることは難しいかもしれません。たとえリーダーだったとしても、組織がままならないのは世の常です。とりあえずできることと言えば、中村憲剛選手のようなキーマンに活躍の場を提供し、なおかつコミュニケーションが円滑になるよう促すことぐらいでしょう。

あるいは転職を考えるなら、待遇などの条件もさることながら、組織全体として成長できそうか否かも重要な判断基準だと思います。そこに所属することが、自身の可動域に直結するからです。

ただし「一人の時間」も大切に

できるだけ人に会う機会は増やしたほうがいいし、それも世代や職種のまったく違う人のほうが刺激を受けやすい。ただし、それを「オン」とするなら、「オフ」の時間も確実に必要だと思います。

何かの事情があって、もしくは特に脈絡もなく、気分が落ちるときは誰にでもあるでしょう。そういうときは無理をせず、さっさと帰宅してゆっくり休んだほうがいい。ぎっしり予定を詰め込んでも平気な人はいますが、多くの人の場合、交感神経と副交感神経をバランスよく働かせることが大事だと思うからです。

交感神経ばかりが働くということは、興奮状態が続くことを意味します。その最中は楽しいかもしれませんが、必然的に疲れも蓄積します。どこかの時点で緩めなければ、やがてオーバーヒートしてしまうでしょう。

そう確信的に言えるのは、私自身がそういう経験をしてきたからです。四〇歳前後のころ、『声に出して読みたい日本語』（草思社）が世に出てから、私の日常は極端に忙しくなりました。

例えば朝のテレビ番組に出演し、そのまま地方の講演会に行き、帰京して取材を受け、原稿を書き、夕方のトークショーに出席し、二次会から帰ってまた原稿を書き、ようやく長い一日が終わる、といったスケジュールが毎日のように続いたのです。

それでも私は体力に自信を持っていたので、大丈夫だと思っていました。どんどん予定を詰め込んでいたのです。

ところがあるとき、ついに身体が悲鳴を上げ、当面の休養を余儀なくされました。当たり前の話ですが、ずっと興奮が続く状態は身体に悪いということに、そのとき初めて気づいたのです。

それ以降、二〇歳のころに実践していた自律訓練法を復活させ、適度に副交感神経への切り替えを図るようにしました。例えば大の字に寝てゆっくり呼吸しながら、全身の力を抜いて身体の重みと温かみを感じる、といった具合です。

あるいは生活のルーティンもある程度固定して、一人になる時間をしっかり確保するようにしています。例えば入浴時間を夜一〇時前後と決めて、飲みに行ってもその時間には帰宅する。つまり二次会には参加しないということです。

すると、それから寝るまでの数時間は、自分の自由に使えます。本を読んだり映画を見たりしながら、副交感神経を全開にできるわけです。こういう時間があるから、翌朝にはまた交感神経全開で世の中に立ち向かえる。この切り替えが、心身のコンディションを良好に保つ基本的な条件だと思います。

私も、若いころは夜中まで、もしくは朝まで飲むこともありました。それが楽しかった時期もありますが、ほぼ確実に翌日に悪影響を及ぼします。それに、完全に酔いが回った状態でいくら人と語り合っても、ろくな人間関係は築けません。むしろ本音の言い合いになって、関係を壊してしまうおそれもあります。だから一次会で早々に切り上げることにしたのです。

このあたりは、誰でも年齢と経験を重ねれば、気づくことだと思いますが。

第5章

関心領域を広げる「ハブ本」読書術

読書は世界を広げるもっとも効率的な手段

脳に刺激を与えて可動域を広げるという意味では、本ほど確実で効率的なツールはありません。

そもそも本は、従来の知見とは違うことが書かれているから、成り立っているわけです。それも一冊分となると、情報量も膨大です。それだけの知識を獲得すれば、相応に世界が変わって見えるはずです。

例えば先日、私は『日本史の誕生』（岡田英弘著、ちくま文庫）という本を読んで驚きました。同書によれば、『古事記』は偽書であるらしい。『日本書紀』と比べると、その前ではなく後に書かれた可能性が高いそうです。また『古事記』の編纂者の一人とされている稗田阿礼にしても実在したわけではないとのこと。私が思い込んでいた日本の古代史とはずいぶん違うので、文字どおり世界観が一変しました。

岡田英弘先生には『世界史の誕生』（ちくま文庫）という著書もありますが、こちらも驚きの一冊です。一般的に「世界史」といえば、四大文明から始まったと考えるのが定説でした。

ところが同書によれば、それはモンゴル帝国のチンギス・カンが「自分が王である」と宣言したときに始まると説いています。それほど、モンゴル帝国の台頭は世界史に多大な変革をもたらしたのです。

ここまで価値観の転換を迫られると、いろいろ調べてみたくなるのが人情です。私はそういう感覚でモンゴルを見たことがなかったので、陳舜臣さんの『チンギス・ハーンの一族』（中公文庫）や井上靖さんの『蒼き狼』（新潮文庫）、堺屋太一さんの『世界を創った男　チンギス・ハン』（日経ビジネス人文庫）など、関連する本をかき集めて読むことになりました。

するとたしかに、チンギス・カンはとんでもない人物だったことがわかりました。オオカミが食い合うように戦いを繰り返し、最後に残ったのが彼でした。その後の支配地の統治法、組織づくり、経済政策などは、今日のグローバル化の礎になっています。

すべての発端は、『日本史の誕生』の一冊にありました。そこからどんどん展開し、多くの本に接して体系的に知識を吸収できました。これこそが読書の醍醐味でしょう。

あるいは少し前、アメリカの作家ドン・ウィンズロウの『犬の力』、その続編の『ザ・カルテル』を読んで、にわかに中南米の麻薬戦争に興味を持つようになりました。もちろんフィクションですが、描写が実にリアルなのです。

おかげで麻薬戦争に関連する本を数多く買い込み、今ではすっかり〝中南米の麻薬事情通〟です。そればかりではなく、ここからアメリカの移民問題や貧困・格差や教育の問題も見えてくる。一見するとまったくアナザーワールドな話なのですが、表沙汰になっている問題とも大きく関わっているわけです。現代人として無視できない、という気にさせられます。

今まで常識と思っていたことが一つひとつ壊される過程は、ある意味で不快でもあります。自分の無知ぶりを突きつけられるような思いがします。しかし、それがまた、「痛《いた》気持ちいい」という感覚でもあります。もっと学んでいって、無知を克服していけばいいと思えるわけです。

その期待に応えてくれるのが、本です。求めれば求めるほど、いくらでも深く広い知識を提供してくれます。デジタルメディア全盛の時代ですが、本ほど噛みごたえのあるツールは他にないと思います。

本は借りるより買ったほうがいい理由

読書とは、さっと読み流して終わるものではなく、知識の塊を体内に吸収して身体の一部にするような作業です。あるいは、自分の中に偉大な他者を住まわせるような感覚でもあります。だとすれば、本を読み終わった後もずっと手元に置いておきたいと思うのが人情でしょう。

私の場合、より吸収度を高めるために本に線を引いたり、コメントを書き込んだりしながら読むのが常です。すると、その本はいよいよ自分だけのものになります。読み返す際にも、ページをパラパラめくるだけでポイントがわかります。

もちろん、その時点で古本としては売れなくなります。また図書館で借りた本だと、書き込むわけにも行きません。だから私は、基本的に本は借りません。お金がなかった学生時代から、ひたすら買って、ずっと書庫に所蔵しておくことを基本にしてきました。そもそも短期間で手放すことを前提にすると、つき合いが薄くなるような気がするのです。

本との出会いには一期一会のようなところがあります。今では古本もネットを通じて簡単に手に入るようになりましたが、かつては古書店で探すのが当たり前でした。

あるとき、近所の古書店で旺文社版の『内田百閒全集』を見つけたことがあります。私は以前から内田百閒のファンで、しかも旺文社版はその後に刊行された他社版とは違って旧仮名遣いで書かれていたので、以前から探していました。しかし、そのときは懐が寂しく、それにこのような全集を買う人は他にいないだろうと高をくくり、存在だけを確認して買わずに店を出ました。

ところが、数日後にいざ買おうと思ってその店に行ってみると、すでに売れていました。そして現在もなお、その全集を手に入れていません。

実は同じ失敗を、私はシュテファン・ツヴァイクの全集でも繰り返しています。やはり若いころ、高田馬場の古書店でたまたま見つけたのですが、あまりに重そうだったので躊躇しました。そして数日後に買う決心を固めて再び店に行ってみると、もう売れてしまっていました。書棚の最上段に、もう何年も前からずっと置かれているような風情だったのですが、そこで気を抜いたことが運の尽きでした。結局この本も、まだ手元にはありません。

ここから得た教訓は、これだと思った本はすぐに買うこと。レアな本であれば、なおさらです。

「ハブ本」で未知の肥沃な大地を開拓する

少し前、日本経済新聞の読書欄でおもしろい記事を見つけました。二〇一九年一月一九日付の「リーダーの本棚」というコラムです。登場したのは国際通貨研究所理事長の渡邊博史さん。

小さいころから読書が好きで、特にミステリー小説やＳＦ小説をよく読まれていたそうです。東大卒業後に大蔵省・財務省で勤務されるのですが、いわゆる「国会待機」で徹夜のときなども、「格好の読書の時間」にしていたとのこと。一九八八年に消費税導入をめぐって国会がもめた際には、読書量が一気に増えたそうです。

やがて国際関係の仕事が増えてくると、日本人が海外を理解する一助になるのではと考えて、『ミステリで知る世界１２０カ国――開発途上国ミステリ案内』（早川書房）という著書を刊行します。自身の専門的な仕事と専門的な趣味とを結びつけ、しかも広く社会に役立たせようという柔軟な発想がすばらしいと思います。

残念ながら現在は絶版のようですが、興味を持った私は、ただちに古本で購入しました。その本がまた、すばらしいのです。

同書で紹介されているミステリーと冒険小説は計六二六冊。まず驚いたのは、発展途上国を舞台にしたミステリーがきわめて多いことです。私も海外ミステリーをたくさん読んできましたが、ほとんどは先進国が舞台でした。

それに、多忙をきわめる中央官庁のトップに近い役職にありながら、これほど膨大な冊数を読み込んでおられたことにも脱帽するばかりです。しかも、その一冊一冊の紹介文がまた秀逸。どれもこれも読みたくなる衝動に駆られます。まるで、未知の肥沃な大地へ案内していただいたような気分です。

言い換えるなら、私はこの本のおかげで、ミステリーの守備範囲を先進国からワールドワイドに一気に拡大することができました。あとは、この本にしたがって二〇冊、五〇冊、一〇〇冊と読んでいけばいいだけ。さながら「一冊で一〇〇度おいしい」といったところです。

読む本は書店に行って自分で探したい、という人も多いと思います。それはまったく否定しませんが、どうしても好みが偏り、未知の肥沃な大地に気づかないことが少なくありません。だからこそ、こういう視界を広げてくれる本は貴重です。

私はそういう本を、その一冊を基点にして世界中のどこへでも飛び立てるという意味で、ハブ空港ならぬ「ハブ本」と呼んでいます。

各分野に優れた「ハブ本」がある

実は昔から優れたハブ本は、少なからず存在します。『世界の名著　マキアヴェリからサルトルまで』（河野健二編、中公新書）、『日本の名著　近代の思想』（桑原武夫編、中公新書）は、その典型です。

古今東西に「名著」と呼ばれるものが無数にあります。それを片っ端から読もうと思っても、なかなか系統立てることが難しいし、そもそも一生かけても時間が足りないでしょう。

しかし、権威の方があらかじめ数十冊に限定してくれたら、これほどありがたい話はありません。実際、私はこの二冊に紹介されていた全冊を読みました。それによって主要な名著を網羅できたおかげで、そこから派生するように他の本を探り当てることもできました。ちょうど、大ハブ空港から中堅ハブ空港を経由して、僻地のローカル空港にたどり着くような感覚です。

直近では、二〇一八年五月から刊行が始まった松岡正剛さんの『千夜千冊エディション』（角川ソフィア文庫）のシリーズもすばらしいハブ本です。ホームページ上で長く書かれていた書評をまとめたものですが、その本のセレクト自体、松岡さんにしかできません。これだけ知的な良書ばかり紹介されれば、もう一生本に困ることはないでしょう。

中でも最初に刊行された『デザイン知』は秀逸。パウル・クレーの『造形思考』をはじめ、多彩でワクワクできます。一般にはあまりなじみのない著書が多いかもしれませんが、自分の関心領域ではないからこそ、可動域を広げるチャンスだと思います。信じて読めば救われるはずです。

『21世紀の世界文学30冊を読む』（都甲幸治著、新潮社）も、たいへんユニークな一冊です。「世界文学」というと、ドストエフスキーやトルストイなどを連想しがちですが、「21世紀」なので様相が違います。

例えば、最初に登場するのが『オスカー・ワオの短く凄まじい人生』（ジュノ・ディアス著、都甲幸治・久保尚美訳、新潮クレスト・ブックス）。いかにもアクティブな男性が多そうなドミニカにいながら、主人公はいわゆるオタク。その彼が恋愛をするのですが、なかなかうまくいかないという話です。

私も『21世紀の～』で知って読んでみましたが、抜群に面白い。これまで読んできた一九～二〇世紀の世界文学ではけっして描かれなかった主人公による、まったく新しい物語という感じがします。

こういう本が三〇冊も紹介されています。一冊でも読んで面白ければ、他の二九冊も面白いはずと思えます。こうして背中を押されるように読み進めることで、知らなかった物語や作家に次々と出会うことができます。

池澤夏樹さんも、『世界文学を読みほどく』（新潮選書）をはじめ、多数の「ハブ本」を出しておられます。立命館アジア太平洋大学学長で読書家としても知られる出口治明さんの『教養が身につく最強の読書』（ＰＨＰ文庫）も、幅広いジャンルから多くの良書を紹介しています。

あるいは『政治学の名著30』（佐々木毅著、ちくま新書）、『正義論の名著』（中山元著、ちくま新書）など、さまざまなジャンルにそれぞれ「ハブ本」は存在します。ある分野に精通したければ、まずこういう本を探してみるのが王道でしょう。

いずれも、〝目利き力〟の優れた選者による「ハブ本」なら、間違いありません。紹介されている本をひと通り読めば、かなり視野が広がると思います。その本を卒業したら、次に読みたいと思う本も自ずと出てくるはずです。

また「ハブ本」が紹介するのは、本にかぎりません。音楽の名盤や絵画の有名作品などを紹介する本も多数あります。こういう本については、定番の「ベスト一〇〇選」のようなものより、選者の個性や好みが出ているもののほうが興味が湧きやすいかもしれません。

例えばテレビタレントやコラムニストとして活躍中の山田五郎さんは、美術評論家としても有名です。美術に関する入門書や案内書も多数出しておられます。そんな山田さんの指南に頼って美術の世界を覗いてみると、見方や面白さがだんだんわかってくるのではないでしょうか。

複数の分野でそういう著者を見つけていくと、世の中に対する関心は膨らむ一方になります。あとは、興味の趣くままに自由に探索してみればいい。物理的な旅も楽しいですが、いながらにして知的世界の路地裏を歩き回るような旅も、時間を忘れさせてくれます。

『ゴルゴ13』で世界を知る

典型的な「ハブ本」ではありませんが、さいとう・たかをさんの長期連載漫画『ゴルゴ13』（小学館）も、ハブ本に近い影響力を持っています。

私も昔から大ファンで、単行本版の第一巻から最新刊まですべて揃えています。話によっては、ゴルゴ13がほとんど登場しないこともあります。一発の銃弾だけ描いて、どうやら彼の仕業らしいと匂わせるだけで終わったりする。それでも十分に面白いのは、主人公のキャラクターがあまりに強烈で、わずかな出番でも存在感があるからです。

それに何より『ゴルゴ13』の最大の魅力は、その時々の社会情勢や国際問題をタイムリーに取り込みながら、経済や軍事、文化など各分野の専門用語を交えてストーリーを展開していることでしょう。

例えば、東西冷戦時代には米ソの対立がしばしば物語の背景に織り込まれました。冷戦終結後はテロや内戦、エネルギー問題や麻薬戦争なども取り上げられています。まさに現代の縮図という感じです。

だから読んでいるだけで、時事問題や各分野の専門領域に詳しくなれる。それも新聞などとは違い、社会の裏事情にまで精通した気分になれる。こんな漫画は、他に例がないでしょう。

しかも、物語の舞台は世界の津々浦々で、日本が描かれることはむしろ少ないぐらいです。『ゴルゴ13』によって各国の事情に興味を持ったり、複雑な国際関係をもっと知りたいと思うこともあるはずです。広く世界に関心を向けさせたという意味でも、『ゴルゴ13』の「ハブ本」的な役割はきわめて大きいと思います。

同じ漫画で言えば、やはり長期連載していた『美味しんぼ』（雁屋哲原作、花咲アキラ画、小学館、現在は休載中）も、やはり「ハブ本」的な要素があります。ストーリーもさることながら、読者はうんちくを楽しみにしています。この作品を通じて、飲食にまつわる造詣を深めた人も多いのではないでしょうか。

ダ・ヴィンチの『手記』は思考の「ハブ本」

あるいは思考の「ハブ本」として、ぜひ家庭に一冊常備することをおすすめしたいのが、『レオナルド・ダ・ヴィンチの手記』（上下巻、杉浦明平訳、岩波文庫）です。

ダ・ヴィンチといえば、「モナ・リザ」や「最後の晩餐」などの絵画だけではなく、医学や数学、天文学など多くの学問にも精通していた万能の天才として有名です。人類史上、もっとも可動域の広い人物といえるかもしれません。

その思考の源泉のようなメモを、ダ・ヴィンチは膨大に残していました。それをまとめたのが同書です。私自身は若いころから何度も買い直し、ことあるごとに見開いたりしています。

パリのルーブル美術館で「モナ・リザ」を見た人がまず抱く印象は、「意外と小さい」ということでしょう。しかし小さいながらも、独特の存在感を放っています。展示されている他の絵画と比べると、どうしても浮き立って見えるような印象があるのです。

私は絵画の専門家ではないので、理由はわかりません。ただ同書によれば、ダ・ヴィンチにとって女性の髪の毛と水の渦とはつながって見えていたらしい。おそらくそれは、宇宙の根源の渦ともつながっていたようです。その発想力こそ、天才の天才たるゆえんでしょう。

しかもダ・ヴィンチは、デッサン力にも優れていました。だから本来はつながらないものを、つないで描くことができた。この能力によって、発想の領域をどんどん広げていったのだと思います。その延長線上にあるのが、有名な戦車やヘリコプターのデッサンでしょう。同書には、そんなアイデアの痕跡が満載されています。

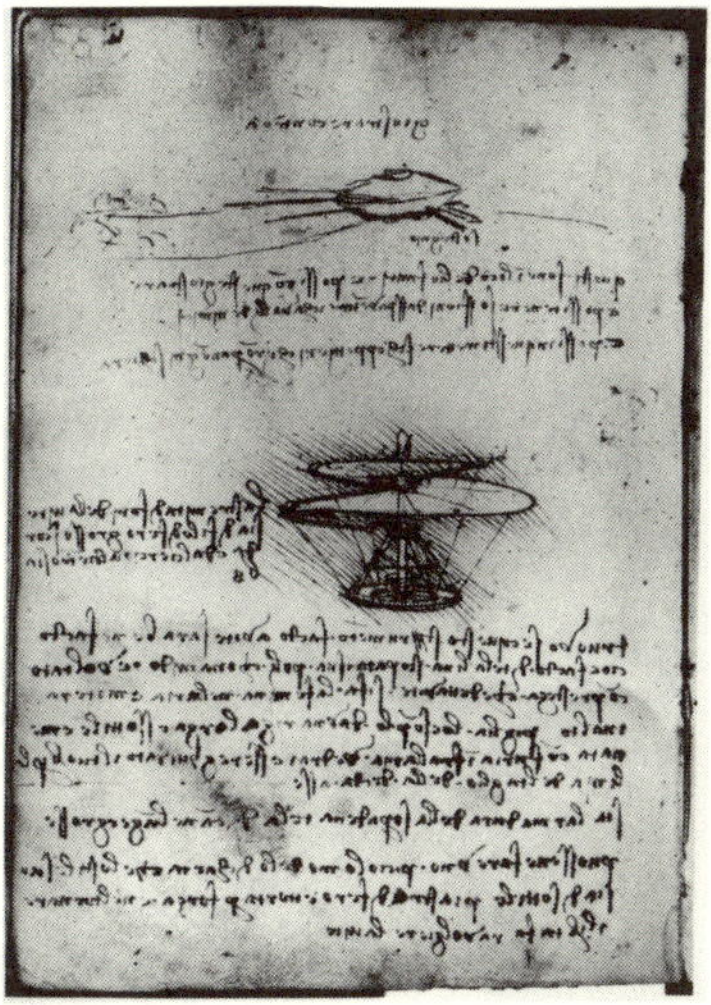

レオナルド・ダ・ヴィンチによるヘリコプターのスケッチとメモ
©Bridgeman Images／amana images

ただしメモを集めたものなので、前後の脈絡はありません。いわば言葉やアイデア、デッサンの断片集です。しかし私たちが参考にするには、むしろそのほうが都合がいいと思います。パラパラとめくるだけで楽しいし、いわばその断片で完結しているので、いちいち前後の文脈を考える必要がありません。

そして何より、人間の凄まじい可

能性を感じることができます。見ているだけで、自分の思考の範囲が広がる気がしてきます。

「ハブ本」として常備をすすめる理由は、ここにあります。

同じく人類史上に輝く天才の一人に、古代ギリシアの哲学者アリストテレスがいます。形而上学、倫理学、論理学をはじめ、政治学や生物学や演劇などにも精通していたという、万能の天才です。その頭の中も、ぜひ覗いてみたいものでしょう。

それに応えるように、アリストテレスは数多くのメモではなく、著作を残しています。またその人物や思想に関する解説書も多数あります。詳しく調べようと思えば、いくらでも調べることができます。

おすすめは『詩学』です。わかりやすく、演劇が理解できます。

「箴言集」は生きるヒントの宝庫

メモや手記とはいささか違いますが、歴史上の賢人はしばしば「アフォリズム（箴言《しんげん》集）」を残しています。短い言葉で本質をスパッと言い表したもので、例えば哲学者ニーチェなら『曙光《しょこう》』（ニーチェ全集7、茅野良男訳、ちくま学芸文庫）や『人間的、あまりに人間的』（ニーチェ全集5、池尾健一訳、ちくま学芸文庫）などが有名です。

あるいは芥川龍之介にも、『侏儒《しゅじゅ》の言葉』という箴言集の作品があります。「人間は考える葦である」で知られる哲学者パスカルの『パンセ』も箴言集です。フランス貴族の『ラ・ロシュフコー箴言集』（二宮フサ訳、岩波文庫）のような本もあります。

これらはいずれも、いわばまとまりのない言葉の断片集です。しかし古来、一貫して人気があります。ことわざ集や名言集を読むような感覚で、人生や社会に対する考え方を簡単に学べるからでしょう。

一般的な本は、一章、二章……、と論理的に組み立てられ、順番に読むことで全体像がわかるようになっています。それによって理解は深まりますが、時間がかかるし、面倒に思うこともあるでしょう。

その点、断片集は賢人たちの研ぎ澄まされた感性を一言に凝縮しています。それによって刺激を受けることができるし、今まで気づかなかった発想のヒントのようなものも得られます。その役割は、やはり「ハブ本」に近いと思います。

そしてもう一冊、言葉の断片集といえば、「武士道といふは死ぬことと見つけたり」の一文で有名な『葉隠』も該当します。全編は膨大な量ですが、一つひとつの話は短く、しかもそれぞれ独立しています。だから、どこから拾い読みしても理解することができます。

また、同書は武士道の心得を説いていますが、けっして殺伐な内容ではありません。きわめて実践的で、「いかによりよく生きるか」という知恵に満ちています。

例えば、ある殿様が家臣に何か指示を出してうまく伝わらなかったとき、その殿様は家臣を責めずに自分の伝え方が悪かったと反省した、といった日常のコミュニケーションにまつわるエピソードが多数出てきます。

あるいは人前であくびが出そうになったら額をなで上げよ、それでダメなら舌で唇をなめて口を閉じよ、それでもダメなら袖で口元を隠せ、といった所作に関する細かいノウハウも登場します。今日のビジネスパーソンが自己啓発書として読んだとしても、あまり違和感はないでしょう。

常にメモを残す習慣を

こうした手記や箴言集から、私たちは別の意味でも学ぶことができます。自らメモや短い文章を書き残す習慣を持つということです。

賢人の言葉からヒントをもらうのもいいですが、自分のちょっとした思いつきや見聞きしたことなどを記録しておけば、後で何か役に立つかもしれません。私たちは日々、膨大な情報に接し、その都度いろいろなことを考えているはずです。しかし多くは、次の瞬間に忘れているのではないでしょうか。これは、きわめてもったいない気がします。だから、思考の痕跡を残すのです。やがて、そのいくつかが結びついて思考が羽ばたくこともあるでしょう。

ダ・ヴィンチ等だけではなく、例えばエジソンやアインシュタインも大量のメモを残しています。創造力の天才だからメモが多かったのではなく、メモを残したからこそ、その才能を十分に発揮することができたのだと思います。

数学者でエッセイストとしても知られる藤原正彦さんによれば、数学者はたいてい「パッド」と呼ばれる白い紙の束を持ち歩き、いつでもアイデアなどを手書きできるようにしているそうです。高度な知的水準を要求される場でも、いまだに紙とペンは欠かせません。

私も、使用済みの会議資料やゲラなどを大きめのクリップで束ね、裏側をメモ用紙としてよく利用しています。これならリラックスして書けるし、Ａ４またはＢ４なので、人と話し合う際にもホワイトボード代わりに使えます。

もちろん、手帳やノートでもかまいません。論理的にまとまっていないメモでもＯＫです。ふと思いついたことや、聞きかじった知識などを書き込んでおくだけでも、後々に何かのヒントになるかもしれません。

それが「手記」や「箴言集」として後世に読み継がれる、という可能性は限りなくゼロに近いと思いますが、自身で書き継いでいくことに意味があります。冒頭で紹介したイチロー選手の言葉にもあるように、こうした小さな積み重ねが、やがて大きな成果に結びつくかもしれません。

第6章

「逆境」は可動域を広げるチャンス

「渋み」が人生を豊かにする

有史以前から、人類は本能的に甘い食べものが好きだったと思います。一方、現代の私たちは、苦みや渋みをおいしさの一部と感じています。これは本能というより、文化です。例えば、子どもは渋いお茶を好みません。しかし大人になると、あの渋みがいいと感じます。あるいはわさびや唐辛子、タバスコなどの辛みも同様でしょう。つまり甘み以外を受け入れることで、味覚の範囲が格段に広がります。

私自身、大学進学で東京に出てくるまで、コーヒーを飲めませんでした。あの苦さをおいしいとは思えませんでした。ところが、あるとき神保町にある「茶房　神田伯剌西爾《ブラジル》」という名店に出会い、コーヒーに対する認識が一変します。マンデリンという苦みの極致のような一杯をいただいたところ、実においしいと感じたのです。

以来すっかり病みつきになり、むしろ苦ければ苦いほどおいしいと感じるようになりました。コーヒーの香りを嗅ぐだけで、脳内に今までなかった刺激が快感とともに広がります。おかげで、例えば読書会なども本郷界隈ではなく、わざわざ神保町まで移動して開いたほどです。

これは、人類が苦みを文化として取り入れてきた経緯を、私が個人史として追体験したということだと思います。こういう味覚の変化は、誰でも少なからず経験しているのではないでしょうか。ちなみに、シヴェルブシュ『楽園・味覚・理性』(法政大学出版局)は味覚の面白い文化史です。

以上を一事が万事と捉えるなら、人生もまた、多様な味覚を受け入れることが大事ということになります。「甘み」だけではなく、「苦み」や「渋み」を味わうことこそ成長の糧になるはずです。

戦国時代の武将・山中鹿介は、「願わくば、我に七難八苦を与えたまえ」という有名な言葉を残しています。七難八苦を与えられたとき、それを乗り越える工夫をすることで自分の可動域が広がる。それこそ喜びであるということです。

だとすれば、年齢を重ねるほど相応の経験も増えるので、可動域も広がるはずです。しかも判断力もある程度備わっているので、むしろ安心して広げられます。

実際、仕事の上でそれを実践している人も少なからずいます。私の知り合いのイラストレーターさんは、面倒そうな仕事ほど優先的に引き受け、単純な仕事は断ることもあるそうです。それによってチャレンジすることが楽しいそうです。これを繰り返していけば、たしかに仕事の領域はどんどん広がっていくでしょう。

佐賀藩を雄藩に押し上げた「フェートン号事件」

日本の歴史を振り返ると、国家存亡に関わるような困難に直面した時期が何度かありました。しかし、そのたびに日本は大きく変化し、いつの間にか乗り切ってきました。

幕末・明治維新のころも同じく大変化の時代でした。その立役者といえば、まず思い浮かぶのが薩摩藩と長州藩でしょう。

薩摩藩は薩英戦争で、長州藩は下関事件（米英仏蘭の艦隊による砲撃）で、それぞれ壊滅的な打撃を受けました。両藩は欧米列強の力を思い知り、藩論を攘夷から開国に切り替えて倒幕に向かいます。

「薩長土肥」と呼ばれるように、倒幕の雄藩の中には坂本龍馬や板垣退助などを生んだ土佐藩と、大隈重信や江藤新平を生んだ肥前藩（佐賀藩）が加わっていました。

なぜ佐賀藩なのか。私は先日、佐賀県で講演をする機会があり、あらためてその歴史について調べてみました。大きな転機となったのが、幕末に起きた「フェートン号事件」です。

江戸幕府が鎖国していた当時、外国船に開港していたのは長崎港のみで、入港を認めていたのは西洋諸国ではオランダ船だけでした。ところが一八〇八年、イギリスの軍艦フェートン号がオランダ国旗を掲げて国籍を偽って入港し、オランダ商館員を人質に取って長崎奉行に食糧や水、薪の提供を要求したのです。

長崎奉行はこの要求を聞き入れ、人質を無事に解放して事件は収束します。しかしその後、長崎奉行は事件の責任を取って自殺。またかねて港湾警備を担当していたのが佐賀藩でしたが、経費節減のために人員を大幅に減らしていたことが発覚します。これによって佐賀藩の数人の家老も自殺し、藩主鍋島斉直は幕府から一〇〇日の閉門を命じられました。佐賀藩にとって大打撃だったことは言うまでもありません。

そこで跡を継いだ藩主鍋島直正は、事件の教訓を活かすように、徹底的に軍事と科学技術の西洋化を推し進めます。「西洋かぶれ」という意味で「蘭癖」と呼ばれたほどでした。

例えば蘭学が主流だった当時、いち早く英語学校を設立します。その校長として迎えたのが「フルベッキ写真」で知られるオランダ人宣教師グイド・フルベッキで、その下で最初に学んだのが佐賀藩士だった大隈重信と副島種臣です。二人はここで、アメリカ合衆国憲法についてまで多くを学んだと言われています。

日本初の蒸気船開発者と「日本赤十字」の創設者は同一人物

大隈や副島だけではなく、佐賀藩は維新後に異彩を放つ人材を多く輩出しています。その典型が佐野常民。幕末には佐賀藩海軍の創設と蒸気機関の開発に尽力し、日本初の国産蒸気船「凌風丸」を完成させています。

また佐賀藩は、一八六七年のパリ万博に幕府、薩摩藩と並んで単独で参加し、陶磁器やお茶などの特産品を出品しました。このときに藩の使節団団長を務めたのが佐野で、滞在中にオランダの造船会社に対して蒸気軍艦の発注も行っています。これが「日進丸」で、明治維新後も政府海軍の軍艦「日進艦」として活躍することになります。

さらに佐野は、万博への参加を通じて国際赤十字の存在を知ります。これをきっかけにして、一〇年後の一八七七年の西南戦争時には、熊本に「博愛社」を設立しました。これが「日本赤十字社」の前身です。

蒸気機関や軍隊組織と赤十字とでは、まったく分野が違うように思いますが、この経歴を見ると筋が通っていることがわかります。人間の可動域はここまで広がるということを示す、お手本のような人物と言えるでしょう。私たちは、キャリアを考える際に専門性を重視しがちですが、あまりその必要はないのかもしれません。

もう一人、江藤新平は近代日本の教育制度と法制度の骨格を築いた人物です。まず創設間もない文部省に入り、それまでの国学や漢学中心を改め、西欧式を志向します。それから司法省の設置にともなって初代の司法卿となり、徹底的にフランス式に則って法の支配と法の下の平等を確立させました。

いずれにも共通しているのは、とにかく従来のルールを超えて西欧に学ぼうという姿勢です。それは個々人の能力や見識の広さでもありますが、その根本にあるのは、「フェートン号事件」で受けた藩の屈辱と危機感、その後の鍋島直正による果敢な藩政改革でしょう。

逆境がいかに可動域を広げるエネルギーに変わるか、また逆境下におけるリーダーの存在がいかに重要か、あらためて教えられる気がします。

大坂なおみは弱点を「チーム」で克服した

逆境に直面することは、もちろん個人レベルでも多々あります。その姿をリアルタイムで私たちに見せてくれるのが、アスリートたちです。

なみいるプレーヤーの中で、輝けるのはごくひと握りだけ。文字どおり身体が資本なので、ちょっとしたケガやコンディション不良でも実力を発揮できないことがあります。同世代のライバルがいるせいでどうしてもトップに立てないこともあるし、世間的には働き盛りの三〇~四〇歳代で早くも引退が視野に入ってきます。考えてみれば、これほど過酷な世界も珍しいでしょう。

今や世界ランキング一位のプロテニスプレーヤー、大坂なおみ選手も例外ではありません。二〇一八年の全米オープン、二〇一九年の全豪オープンで立て続けに優勝し、一気に世界の階段を駆け登った感があります。

しかし、大坂選手の場合、一年前までは、メンタル面の脆さがありました。技術面でも、かならずしも完璧ではなかったと思います。ところが、それをチームを組むことによって同時に克服しました。

個人のプロ選手の場合、自分を伸ばすためには自己プロデュースが欠かせません。その重要な第一歩が、コーチを自ら選ぶことです。メンタルが弱いと思えばメンタルコーチを招き、技術的に改良すべき点、もしくは伸ばすべき点があれば、それにふさわしいコーチを探し出す。つまりプレーするのは一人でも、チームで戦っているのです。

大坂選手は、それが奏功したのでしょう。特にサーシャ・バインコーチには、メンタル面で支えられていたようです。両者が契約したのは二〇一七年一一月で、その当時の世界ランキングは六八位でした。いかに急速に飛躍したかがわかります。

またフィットネスコーチとしてアブドゥル・シラーを迎えたのは二〇一八年三月のこと。同コーチの指導で徹底的に体重を落とし、ボールに対してより軽快に対応できるようになりました。

さて二〇一九年二月、全豪オープンの優勝直後に、大坂選手はサーシャ・バインコーチとの契約解消を発表しました。いろいろな理由が取り沙汰されましたが、きっとさらなる可動域を求めてチームをリセットしたということでしょう。吉と出るか凶と出るかはわかりませんが、こうしたチャレンジこそトップアスリートの宿命だと思います。

ちなみに同じテニス界で言えば、錦織圭選手とマイケル・チャンコーチの関係も有名でしょう。もともと錦織選手は気分屋なところがあり、それが敗因になることもあったのですが、二〇一三年一二月にチャンコーチと組んでから改善され、世界ランキングでもトップ10の常連になりました。

とはいえ、まだ四大大会で一度も優勝していないことから、そろそろ交代したほうがいいという意見もあります。しかし、二〇一七年に大ケガをしてランキングを大きく下げたものの、昨今はまたトップ一〇に返り咲いています。その意味では、チームとしてしっかり機能しているということでしょう。

一方、私たちの場合、コーチを上司と捉えれば、自分で選択することはなかなかできません。しかし相談に乗ってもらう人、話を聞きたい人なら選べると思います。派閥とかゴマすりとなると急にキナ臭い話になりますが、「この人と飲みに行くといい刺激を受けられる」「経験を聞いていると勉強になる」という人は周囲にいるはずです。その選択をすることが、自分の欠点やコンディション不良を補い、打開策を見出すための特効薬になると思います。

組織の理不尽さをチャンスに変える

ただし、社会人にとってのチーム（組織）は、かならずしもメンバーに優しいわけではありません。組織の論理が優先され、個人の意思が蔑《ないがし》ろにされることもよくあります。

昨今で言えば、プロ野球の長野久義選手の巨人から広島への移籍が話題になりました。フリーエージェント宣言をした広島の丸佳浩選手を巨人が獲得したことにより、その人的補償として広島に指名されたわけですが、巨人が指名を拒否できる「プロテクトリスト」に長野選手を加えていれば、こういう事態にはならなかったはずです。

長野選手といえばかつてドラフト会議で巨人以外の球団から二度も指名を受けながら、二度とも拒否したほど「ジャイアンツ愛」に溢れる選手でした。また昨今の成績はやや低迷していたものの、二〇一八年度のシーズン終了時の打率は二割九分です。それでもプロテクトされなかったことに、巨人ファンのみならず多くの野球ファンが驚いたことでしょう。

またこの一件から、「明日は我が身」または「組織なんてこんなもの」と感じた人も少なくないはずです。実際、組織に所属している人なら、誰にでも起こり得ることだと思います。

しかし、それを悲観していても仕方ありません。ポイントは、理不尽さをチャンスに変えること。例えば解雇とまではいかなくても、新人や若手の台頭で活躍の場が減ったり、まったく違う部署へ異動になったりすることはよくあります。今までどおりの仕事ではダメという意味では、可動域を広げざるを得ません。そう割り切ってチャレンジするしかないでしょう。

理不尽というわけではありませんが、かつて清原和博選手がＰＬ学園野球部に入部したとき、登録は「投手」でした。ところが、同期で入ってきた桑田真澄選手の投球を見て「とても敵わない」と早々にあきらめ、野手に専念することにしました。その結果、プロ野球を代表する大打者にまで成長したのです。

こういうことは私たちにも起こり得るはずです。またそう信じていなければ、組織の理不尽さには太刀打ちできないと思います。

異動や転勤は割り切って楽しむしかない

かつて私の本を担当していただいたある大手出版社の女性編集者も、急に資材部という部署に異動することになりました。製紙会社から紙の調達をするのが主な仕事です。書籍編集をしたくて出版社に入った方なので、さぞかし落ち込んでいるのかと思ったら、案外そうではありませんでした。

異動してしばらく経ってからお会いしたら、「紙の世界も、種類とか値段とかいろいろあって面白いんですよ」などと活き活きしています。それが自分に与えられた役割と覚悟を決めて、知らなかった世界を学んでやろうという意欲に満ちていました。

彼女だけではありません。異動の多い出版社もけっこうあるので、編集者が営業部に行ったり、総務や宣伝などの部署に回ったり、あるいは書籍編集部から雑誌編集部やデジタルメディアの部署に移ることも珍しくないと思います。

私の知るかぎり、その先々で面白がっている人ほど「できる人」で、将来的に経営に近いポジションに就いたりしています。これは偶然ではありません。いろいろな仕事を経験することは、それだけ可動域が広がるということです。様々な経験によって幅広い視野を獲得した人材でなければ、組織全体の運営に携わることはできないでしょう。

長く大企業に勤めてきた私の学生時代の後輩は、そろそろ休職しようかと考えていた矢先、社長就任を打診されました。本人にとってはまったく想定外だったらしいのですが、これを快諾します。

「たいへんだね」と私が声をかけると、「社長としての職務を全うするだけです。役に立たなければ辞めればいいので」とのこと。特に気負うこともなく、まったく動じない様子でした。こういう人物だからこそ、周囲は彼をトップに押し上げたのでしょう。

また別の友人は、インドに新幹線を敷設する事業に携わってきました。しかしこの事業はまだ用地の取得すら終わっていない状態で、当面は難航が予想されます。それにともない、日本の事業者としては現地の当局と当初の契約の見直しや解約を進めなければならないそうです。いかにも面倒そうな仕事ですが、彼はその交渉役としてインドに趣くことになりました。

しかし彼は「ワクワクしている」と言います。私と同世代なので六〇歳前なのですが、「この歳でこんなチャレンジングな仕事ができて嬉しい」そうです。このメンタリティが、これまでの彼を支えてきたのだと思います。

私たちは、仕事でストレスを感じることがよくあります。それは人間関係などどうしようもない部分もありますが、環境が変わること、未知の仕事に携わることなどなら、自分しだいでストレスを軽減できるはずです。そのストレスを迎え撃つのが、可動域を広げるということだと思います。

職人気質で一つの道を貫くことも尊いですが、脳は新しい刺激を受けると覚醒しやすくなるものです。組織人として異動や転勤の可能性があるなら、むしろ刺激を受けるチャンスと捉えるべきかもしれません。

長谷部誠選手の〝快挙〟の裏にある、「フォア・ザ・チーム」の精神

環境の変化に合わせて可動域を広げるといえば、その権化のような存在が、ドイツのブンデスリーガで活躍する長谷部誠選手でしょう。二〇一八－一九年シーズンの前半戦で、「ベストイレブン」と「ベストセンターバック」に選出されたことは周知のとおりです。

何よりすごいのは、センターバックとして評価されたこと。今でこそセンターバックのイ

メージが定着していますが、かつて浦和レッズに所属していたころは攻撃的な選手でした。それがボランチに下がり、サイドバックも経験し、ついにはゴールキーパーをこなしたこともあります。

もともと体格に恵まれているわけでも、特に足が速いわけでもありません。年齢も三〇代半ばで、ピークを過ぎています。しかし、チームの穴を埋める選手としての役割を全うしてきたわけです。

その結果、戦術理解力が高まり、いつでも正しいポジションを取れることが高く評価されるようになりました。これは、すべての日本人が知っていてもいい快挙だと思います。これまで社会人として、与えられた役割を着実にこなしてきた人にとっては、勇気をもらえるニュースだったのではないでしょうか。

長谷部選手はかつて、『心を整える。』（幻冬舎文庫）というベストセラーを出しています。さすがに心が整っているだけあって、どのポジションでも動じず、「フォア・ザ・チーム」に徹してベストを尽くしてきたのでしょう。だから監督としては使いやすいし、チームからも厚く信頼されているのだと思います。

病気やケガをきっかけに、新しい世界が開けることも

この世で避けて通れない四つの苦しみを、仏教用語で「生老病死」と言います。たしかに「老い」や「死」と並んで、病気やケガは大きな苦しみの一つでしょう。

しかし、そんな自分の状況を観察しながら、ユーモアたっぷりにまとめた本があります。ドイツ在住の詩人・四元康祐さんによる『前立腺歌日記』（講談社）です。前立腺がんに冒され、長い闘病生活を送ることになった四元さんは、その様子を文章と詩で綴っています。

例えば序盤には、以下の詩が登場します。

「さようなら、私のおちんちん
では　いっておいで
しかし　また　もどっておいでね」

これは明治〜昭和前期を生きた詩人・八木重吉の「心よ」という作品の一部（こころよ／では　いっておいで／しかし／また　もどっておいでね）の、いわばパロディです。

あるいは、2章のタイトルは「尿道カテーテルをつけたまま詩が書けるか?」。手術を終えた後の心境を、例えば以下のように綴っています。

「朝になった。意識ははっきりしていた。僕はやっぱり僕だった。世界の終わりの地下シェルターに取り残されることもなく、窓の外の明るみに照らされながら、周囲の物音や気配を感じ取っていた。そのことがとても新鮮で、不思議だった。僕が僕であるということ。この世界が元の世界のままだということ。再びそこへ還って来たこと。」

また、前立腺を除去する一方で「性感神経」は残ったことを確認すると、その心境も詩にしています。

「とったのこった　のこったとった
取り返しのつかぬこととやり直しのきくことが
僕という土俵で四股を踏んでいる」

手術やその後の闘病生活は辛いものですが、それによる自分の大きな変化と周囲の人々との関わりを、包み隠さず綴っています。きわめて前向きでユニークな闘病記です。

誰でも、大病や大ケガをすれば生活が一変します。忙しかったのに急に暇になったり、身体の仕組みについて詳しくなったりすることは間違いありません。それを機に、例えば散歩を日課にしてみたり、食生活を改めたり等々、健康に気を配る人も多いと思います。あるいは、まったく新しいことを始める人もいます。

例えば画家で随筆家の星野富弘さんは、もともと中学校の体育教師でした。ところが、クラブ活動中の事故で頚髄を損傷し、手足の自由を失います。その入院中、筆を口にくわえて絵を描いたり文章を書いたりしてみたところ、これがたいへんな評判となりました。やがて作品展が開かれたり、エッセイが新聞や雑誌に掲載されたりするようになり、本格的な創作活動に入っていきました。

病気やケガ自体はたいへん不幸なことで、気が滅入るのも当然でしょう。しかし落ち込んでばかりいても仕方ありません。むしろ関心の幅を広げたり、新しいことを始めたりするチャンスと捉えること。そのためには、まずこうした〝先駆者〟の存在を知り、元気をもらうことから始めてみてはいかがでしょう。

問題解決のカギは、自分の中にある

何か問題に直面したとき、途方に暮れて何も手に付かなくなったり、逆に慌てて余計なことをして事態を悪化させたり、ということはよくあると思います。

そんな状況を打開するための心理療法として、アメリカの精神科医ミルトン・H・エリクソンが編み出した「ブリーフセラピー」と呼ばれるものがあります。ここで言う「ブリーフ」とは「短期の」という意味。問題の原因を探るのではなく、すでに解決に向かっている部分を効率的に見つけ、それを拡大しようというのが基本的な考え方です。

例えばアルコール依存症でも、四六時中飲んでいるわけではないでしょう。一日を観察すると飲んでいない時間もあるはずなので、その時間を少しずつ拡大していけばいいと考えます。

『〈森・黒沢のワークショップで学ぶ〉解決志向ブリーフセラピー』（森俊夫・黒沢幸子著／ほんの森出版）によれば、その「中心哲学」は以下の三つです。

ルール1　もしうまくいっているのなら、変えようとするな。

ルール２　もし一度やって、うまくいったのなら、またそれをせよ。
ルール３　もしうまくいっていないのであれば、（何でもいいから）違うことをせよ。

いずれも当たり前のように思えますが、いざ自分や自分の近しい人が当事者になると、こういう整理ができなくなるものです。とりわけ注目すべきは「ルール３」で、「違うことをせよ」とはまさに可動域が問われる話でしょう。

ただし、まったく門外漢のことを始める必要もなさそうです。同書では、「『例外』とは、既に起こっている解決の一部である」と説いています。これまでやってきたことがいろいろ裏目に出て、「すべてダメだ」と感じたとしても、一〇〇％ダメということはあり得ない。日常を見直せば、かならずプラスに作用した「例外」はあるはずなので、それを解決の突破口にしようというわけです。

その典型として、「三年間不眠症で悩む患者さん」の話を紹介しています。「この三年間、ずっと眠れなかった」とその患者さんは訴えるわけですが、本当に眠っていなかったとすれば、もう死んでいるはずです。生きているということは、どこかの時点では眠っているわけです。

しかし当人としては、その実感を持てずにいます。そこで、「眠れた夜」という「例外」に気づかせることが第一歩になります。具体的に「月曜日は何時に寝て何時に起きましたか？　火曜日は？　水曜日は？……」と尋ねていくと、ずっと眠れなかったわけではないと気づくことができます。そこまで来たら、あとはその「例外」を少しずつ拡大していけばいい、ということになります。

こうした手法は、企業経営でも有効でしょう。業績が悪くなってきたとき、何も手を打たなければ衰退する一方です。かといってイチかバチかで新規事業に手を出すのは、リスクが大きすぎます。その前にすべての事業を見直してみると、中には将来性のある部門もあるはず。そこに資源を集中して拡大を図るのが、企業再建の常套手段だと思います。

要するに、「問題解決のカギは自分の中にある」ということです。それさえ見つかれば、あとはその割合を増やすだけでいい。ゼロから一を作るより、一を二や三に増やすほうが、肉体的にも精神的にもずっと楽ではないでしょうか。

終章

あなたが変われば世界も変わる

常識を砕け

昭和時代を代表する教育者に、斎藤喜博さんがいます。群馬県の島小学校という小規模な学校で校長に就任すると、「島小教育」と呼ばれる独特の教育を展開し、全国から見学者が訪れるようになりました。その中には、作家の大江健三郎さんもいたそうです。

では「島小教育」とはどんなものだったのか。そのキーワードは、「概念砕き」と「揺さぶり」です。

例えば、「森の出口はどこか」という課題を出したとします。教科書的な答えは、「森の木々が途絶えて平原に出る境界線」です。しかし、森の中を彷徨っている人にとって、その答えは何の意味もありません。「光が差し込んでくる場所こそ出口」ということになるはずです。

つまり、常識を揺さぶるような問いかけをして、生徒も先生も一緒に混乱の中に陥れ、みんなで答えを見つけ出していく。そんなドラマ性のある授業を追求しました。その過程では、いろいろな知識を組み合わせたり、誰かが出した突飛なアイデアを検討したりします。当然、今まで知らなかった新しい世界へ踏み込むことになります。

これこそ、「学ぶ」ことの本質です。教科書の記述を暗記し、テストで再生することは、効率的ではありますが、混乱はありません。あまり考える必要もないし、印象にも残りません。そうではなく、自分が思い込んでいた常識が覆されたり、未知の世界で戸惑ったりするから、「もっと学ぼう」という気になってきます。

ここまで述べてきたように、学ぶこと自体が可動域を広げることにつながります。いわば、自分が常識と思い込んでいた枠を取り払うことを意味するからです。学べば学ぶほど、可動域は大きくなっていきます。

それは個人レベルのみならず、人類全体についても言えることだと思います。例えば絵画の世界では、生前のゴッホもセザンヌもほとんど評価されませんでした。ところが、現代ではその作品は極端な高額で取引されるほど、圧倒的な人気を誇っています。

二人が没してから今日まで一世紀以上が経つわけですが、その間に何があったのでしょうか。おそらく、二人の作品はそれまでの絵画の常識を逸脱していたため、当初は人々に混乱をもたらしたのだと思います。

しかし、やがて人々はその作品から新しい「美」を学びました。言い換えるなら、二人の作品は絵画の世界に「概念砕き」と「揺さぶり」をもたらし、人類の美の可動域を広げました。

美術界だけではありません。どんな世界にも「先駆者」「革命児」と呼ばれるような人物がいます。その存在は当人の天才的な能力もさることながら、その創造物を混乱しつつも理解し、受け入れ、可動域を広げてきた人類の成長の証でもあります。

「相互性」を信じる

「常識を砕く」といえば、気鋭の建築家で京都大学教授でもある平田晃久さんは、「からまりしろ」という概念を提起しています。

従来の建築は、環境を固定的なものと捉え、その一部を切り取って建てるという考え方が主流でした。しかし平田さんは、そこに建てることで環境と絡まり、新たな空間が生まれるような建物を目指しているそうです。

ただし空間全体をデザインするのではなく、空間の自然な成長と調和するような〝伸びしろ〟を建物に持たせることが大事らしい。それが「からまりしろ」ということです。環境も建物も、成長を続ける一個の生物として見るような感覚でしょう。

建築に門外漢の人でも、こういう発想は重要だと思います。私たちはふだん、ものごとを限定的に捉えがちです。「自分にはこれしかできない」「上司（部下）はどうせ言うことを聞いてくれない」「世の中なんてこんなもの」といった具合です。

しかしそういう前提は、改めたほうがいい。アスファルトの間からでも雑草が芽を出すように、周囲の環境変化に適応して自分が変わることは可能だし、それによって環境がまた変わることもあり得るのです。いわば共生するような関係性の中で自分を捉えたほうが、ずっと柔軟に生きられるのではないでしょうか。

昨今では誰でも使う「アイデンティティ（自己同一性）」という言葉を編み出したのは、アメリカの発達心理学者エリク・H・エリクソンです。エリクソンはまた、「ミューチュアリティ（相互性）」という概念も提唱しました。確固たるAとBが存在すると考えるのではなく、AとBの存在は相互の関係性で決まるという考え方です。

例えばきょうだいが一緒に育つと、兄は弟によって兄らしく、弟は兄によって弟らしく成長します。お互いに影響を与え合いながら相応のキャラクターを身につけ、「自分は兄」「自分は弟」というアイデンティティを獲得していきます。

自意識で凝り固まってしまうと、周囲も壁を作ります。しかし「郷に入っては郷に従え」というように、まずは自分が周囲に柔軟に合わせるようにすれば、周囲も自分を受け入れて、居心地のいい環境を整えようとします。それは自然の摂理というものでしょう。

部下の可動域を広げる二つの方法

組織のリーダーなら、こういう発想を持つことは特に重要でしょう。本人のみならず、部下の可動域を広げさせることは至上命題ですが、有無を言わさず命令しても逆効果です。「相互性」の作用を信じ、お互いに認め合いつつ変化して、共通のゴールを目指すのが理想だと思います。

具体的には、大きく二つの方法が考えられます。一つは、前章で紹介した「ブリーフセラピー」を応用すること。「自分にはできない」と積極的に動こうとしない部下でも、まったく仕事をしないわけではないでしょう。そこで、できないことを責めるのではなく、できている部分を発見して「ここを伸ばしていけばいい」とアドバイスを送る。一つでも「できる」と自信を持てるものがあれば、それを拡大させたいという意欲も湧くし、さらに別の分野でもできるものを増やしてみたいとも思うはずです。

そしてもう一つは、第3章で述べた「飛び石」を投げてみること。平たく言えば多少の〝無茶ぶり〟をしてみることです。パワハラと違うのは、無茶とはいえ相手の力量を見きわめること、そして失敗しても責任は問わないことです。

野球の監督が選手に、「ここでホームランを打たなければお前はクビ」と伝えるのはパワハラですが、「ここでヒットエンドランを仕掛けてみよう。失敗しても監督の責任だから」と送り出せば、選手も意気に感じるはずです。

成功すれば、その選手には「チャンスに強い」という印象が残るし、失敗しても「また次回」となるだけ。つまり選手にとって失うものは何もないので、思い切ってプレーしようという気になります。こういう場をどれだけ用意できるかが、上司の腕の見せどころだと思います。

上司と部下の関係ではありませんが、私も学生にレポートの課題を出したとき、いつもどおり紙に書くパターンばかりでは面白くないので、「Youtuber風の映像にまとめて」という条件を付けたことがあります。まさか大学でそんなことを求められるとは思っていなかった学生たちは、かなり戸惑ったと思います。

しかし、彼らはふだんからネットやYouTubeを見慣れています。スマホで動画を撮ることも茶飯事です。だからこういう〝無茶ぶり〟的な課題も、やってみると意外にできてしまう。しかもそのクオリティは、いい歳の大人が作るよりずっと高いのです。おかげで、全員で鑑賞した授業は爆笑に包まれました。

私は学生たちの〝才能〟を発見できたし、学生たちも動画で自分の考えを伝えながら人を笑わせる快感に目覚めたわけで、我ながらいい課題だったと思っています。

足りないのは、少しの勇気だけ

ここまで、自分の可動域を広げる方法、もしくは部下など周囲の可動域を広げさせる方法について考えてきました。

いずれにも共通するのは、「最初の一歩が大事」ということです。とりあえず踏み出してしまえば、うまく行くにしろ行かないにしろ、それが一つの経験になって次の展開へ進めます。

ところが、その一歩をなかなか踏み出せない人が多いような気がします。特に日本人は引っ込み思案で、失敗を過剰に恐れたり、過度に「恥をかきたくない」と警戒したりする傾向があります。あるいは「自己保存の欲求」のようなものもあって、なるべく旧来どおり、保守的にしていたほうが安全という意識も強い。つまり、「勇気」が足りません。

最近すっかり有名になったオーストリアの心理学者アルフレッド・アドラーは、その著書『個人心理学講義—生きることの科学』（岸見一郎訳、アルテ）の中で、こういう態度は「劣等感の兆候」であるとして以下のように述べています。

「このような人に対する適切な治療は、勇気づけることであって、勇気をくじくことではない。困難に直面し、人生の問題を解決する能力があると理解してもらわなければならない。これが自信を築く唯一の方法である」

つまり、そもそも私たちは問題解決の能力を持っているということです。まして、何かを始めることは「問題」ですらありません。それを信じて一歩踏み出せば、必然的に自信も湧いてくるのです。

大したリスクがないなら、遠慮せずにどんどんチャレンジすればいい。むしろ何もしないほうが、リスクは大きくなります。これだけ変化の激しい時代、「自己保存」だけでは早晩世の中に適応できなくなります。

私自身、これまで「ビジネス書」と呼ばれるジャンルの本を数多く書いてきました。しかし、いわゆる営利を目的としたビジネスの世界に身を置いているわけではありません。そんな立場で書いていていいのか、世間から後ろ指をさされるのではないかと、当初は多少躊躇しました。実際、そんな声を直接・間接に聞くこともありました。

それでも編集者さんから請われるままに書き続けたところ、かれこれ一〇〇冊を超えるころには、もう批判等はほとんど聞かなくなりました。私が多少無理して可動域を広げた結果、世間もようやく少しは認知してくれたのかなと思っています。まさに「相互性」が作用したのでしょう。

かの福沢諭吉の有名な『学問のすすめ』は、末尾を以下のように締めくくっています。これはほとんど「可動域拡大のすすめ」といっても過言ではありません。


「人類多しといえども、鬼にもあらず蛇にもあらず、ことさらにわれを害せんとする悪敵はなきものなり。恐れはばかるところなく、心事を丸出しにしてさっさと応接すべし。ゆえに交わりを広くするの要は、この心事をなるたけ沢山にして、多芸多能一色に偏せず、さまざまの方向によりて人に接するにあり。あるいは学問をもって接し、あるいは商売によりて交わり、あるいは書画の友あり、あるいは碁・将棋の相手あり、およそ遊冶放蕩の悪事にあらざるより以上のことなれば、友を会するの方便たらざるものなし。あるいはきわめて芸能なき者ならばともに会食するもよし、茶を飲むもよし。なお下りて筋骨の丈夫なる者は腕押し、枕引き、足角力《ずもう》も一席の興として交際の一助たるべし。腕押しと学問とは道同じからずして相ともに謀るべからざるようなれども、世界の土地は広く、人間の交際は繁多にして、三、五尾の鮒が井中に日月を消するとは少しく趣を異にするものなり。人にして人を毛嫌いするなかれ」

自分一人で動くのが億劫なら、とりあえず多くの人と接しながら「相互性」に期待してみるのもいいかもしれません。くれぐれも「井中の鮒」にならぬよう、今からできることは少なくないはずです。

あとがき――日本人の可動域は意外に広い

「どうも日本人は視野が狭い」などと自嘲気味に語られることがあります。閉鎖的だとか、島国根性だとか、遊び心が足りないとか、要するに頭が硬くて可動域が狭い、というわけです。でも、本当にそうなのでしょうか。

私はむしろ、日本人は意外に可動域が広い民族ではないかと思っています。極東の島国だからこそ、日本は海外の動向にも敏感に反応し、いいものを旺盛に柔軟に取り入れてきました。それを象徴するのは食文化です。

世界中のあらゆる料理を、しかもかなり高いレベルで食べられる国は、おそらく日本以外にないでしょう。それはひとえに、各国の食文化を貪欲に吸収し続けた結果です。単に輸入しただけではありません。例えばカレーにしてもラーメンにしても、独自のアレンジを加え、無数のバリエーションを生み出し続けています。

それは作り手の感度の高さだけに由来しません。消費者である私たちの旺盛な食欲、新しいメニューに対する好奇心、よりおいしいものを食べるためなら時間もお金も惜しまないという求道ぶりも、相当なものだと思います。

昨今、タピオカミルクティーがブームになっています。おいしいと評判の店には、ズラリと行列ができることも珍しくありません。並んで待つ苦痛を厭わず、むしろそんな姿を自撮りしてインスタに投稿し、美しい思い出に換えるような逞しさがあります。

つまり食の可動域は、作り手側と消費者側が呼応しながら、現在進行形で拡大しているわけです。そういうDNAを持っていることを、私たちはもっと誇っていいし、最大限に活用しなければもったいない気がします。

本書は、ともすればそれを忘れ、硬くなったり縮こまったりしてしまったときの処方箋のつもりで書いてみました。「大きく生まれ変わろう」と提案しているのではありません。「本来の自分を取り戻せばいいだけ」なのです。そう考えれば、気楽にチャレンジできると思います。

最後にもう一つ、可動域を広げるためのとっておきの方法をご紹介します。やはり食文化に絡む話ですが、最低でも年に一回、「ふぐ」を食べてみてはいかがでしょう。

坂口安吾の小作品『ラムネ氏のこと』の中に、ふぐに言及した一節があります。周知のとおり、ふぐには毒があります。それを今日の私たちが安全に食べられるのは、これまでに多くの無名の人々がいろいろな食べ方をして、危険な部分と安全な部分を解明しつつ絶命していったからである、というわけです。

こういう人々こそ、真の勇者だと思います。私たちはリスペクトすべきでしょう。ふぐを食べるたびに、ぜひその格闘の歴史に思いを馳せていただきたい。そして現在の自分と比較して欲しい。別に命を賭けなくてもいいのですが、「自分は何かにチャレンジしているか」と問いかけてみると、ふぐの美味も手伝って「もう少しがんばってみようか」という気になれるはずです。

人生は「偶然の出会い」が「必然の出会い」に変わっていくプロセスの繰り返しです。それをいかに楽しむかが、「人生100年時代」を充実させる秘訣だと思います。

「可動域」という言葉も、これまであまり目にすることはなかったかもしれません。だとすれば、本書を手に取っていただいたこと自体、「偶然の出会い」の一つです。これをきっかけに新たな出会いが次々と生まれ、気づいたときにはずいぶん可動域が広がり、「この本との出会いは必然だった」と思っていただけたとすれば、著者としてこれ以上の喜びはありません。

付録 あなたの「人生一〇〇年」は大丈夫？――可動域チェックリスト30

本書のメッセージは、単純明快です。せっかく寿命が伸びたのだから、身体も脳も、より柔軟に、広範に動いたほうが楽しめるはず。そんな思いを、「可動域」というキーワードに込めてみました。

しかし、仮に本書を読んで納得されたとしても、次の瞬間から行動が伴わなければ意味はありません。

そこでおせっかいながら、本書のおさらいも兼ねて、あなたの可動域がどれほど広いか、もしくは広がる可能性があるかをチェックできるリストを用意しました。

設問は全部で三〇。かなりハードルを下げていますが、だいたい二〇以上チェックできれば、これからも人生を謳歌できると思います。逆に一〇以下だとすれば要注意です。まずは、チェックを一つでも増やすことを、日々の目標に据えてみてはいかがでしょう。